图解服务的细节
098

たった3品で繁盛店はできる!

餐饮创业实战4
三个菜品就能打造一家旺店

[日] 宇野隆史 著
刘海静 译

人民东方出版传媒
People's Oriental Publishing & Media
東方出版社
The Oriental Press

前　言

人活一世，谁不曾在内心深处梦想过做个“一国之主”、“一城之主”呢？其实，这并不是多难的事情。即使当不上什么大公司的CEO，做一间小店的老板，总可以实现。而且，可以一辈子开开心心地做下去。

要想把店开得既长远又快乐，就必须打造出旺店来，这也绝非什么难事。在我将近50年的开店生涯中，我所做的，全都是些人人都能做到的平常小事。

只要在开店时花些小心思，就能让自己的店受到顾客欢迎了。

我开的第一家店是咖啡店。当时，餐饮店里专用的冰块价格还相当高。因此，我不想一声不响地把冰水端给顾客。于是，我会问顾客一句“要加冰吗?”，对方说“要”，再加进去。这样，就能让顾客实实在在地意识到“这家店的水里是加了冰的”，也不会枉费我的成本。加冰本来是件极不起眼的小事，但只有说出来，才能让顾客清楚“这家店里的水都是加冰的，真棒”，也因此带来了不少回头客。

后来，我开了一间五坪（译者注：面积单位，一坪约等于3.3平方米）大小的居酒屋，一个人在店里独当一面。从那时起，我就开始琢磨怎样才能最简单、最有效地开店。后来，我把开门前，提前准备好的菜品摆在几个盘子里，做成“大盘菜”。

我操作的时候，右手边就是一台微波炉。顾客点了餐后，我就把盘子里的菜加热好，送过去。当时，餐饮店里用微波炉做菜还是个很难为情的举动。但因我的店面实在太小，无奈只能把微波炉搁在顾客看得见的地方。既然这样，我就干脆做得更好玩些：我给微波炉起了个“主厨”的昵称。每次顾客点了盘子上的菜，我就会问一句：“您要主厨做还是大厨做?”顾客说“就大厨吧”，我就会说：“大厨（也就是我）正忙着呢，主厨来做行吗?”就这样，可以轻松地和顾客聊起来，也能让顾客觉得这是一间挺好玩的店，说不定还愿意再光顾。

我在东京涩谷开的第一间店，是在一个完全没有人气的地段。连房东都怀疑地问我：“你真要租下这里吗?”不久，店址所在的大楼里就发生了一起枪击案。开业前，店门口还拉起绳子，限制外人入内。然后，我说：“那，今天我们的招牌菜就做八宝菜（译者注：“八宝”的日语发音与“开枪”相同）吧。”结果，卖得出奇地好。八宝菜这道菜式，用店里的蔬菜随时就能做出来，还能跟顾客聊上两句“今天真是出大事啦”，瞬间就能缩短与顾客之间的距离。

再后来，我们店里为了降低成本，经常使用鸡肉做食材。只要顾客点了炸鸡翅，我都会问一句："您要左手还是右手？"只要这样问上一句，一定会让顾客瞬间露出笑容来。

不仅是服务方面，我店里的菜式也极其简单。比方说，有一道顾客永远都爱点的鳕鱼子辣白菜乌冬面。这道菜品简单到厨艺不精的人也能马上做出来。尤其是喝醉了的顾客，来上一份绝对美味。

我所做的这些小事，全都不花什么技术，用不着努力。只是通过认认真真地维系与顾客之间的关系，使顾客享受那段待在店里的时光，建立起店主与顾客之间的深厚情谊，就能培养出粉丝。也正是这些粉丝支撑着我的店一路走来。

我这人，没什么长性，总爱琢磨怎样做事才能轻松达到目的。"努力"一词，不合乎我的天性。

所谓努力，是拼命地向上争取，力图做到更好。可是，人如果老是这样踮起脚够高处的东西，会感觉累，也站不长远。踏踏实实地站在地上，手里拿着尺子，去够一些本身力所能及的东西，就不需要多么努力了。当然，如果伸手时间太久，也是容易累的。而我，连腰都不用伸，自然也感觉不到累，所以这几十年才能一路开心地坚持下来。

小时候，我个子很小，排队时总是站在最前排。也因此，在运动方面我总是做不了班上最耀眼的人物，连相扑也会输给人家。只有那些个子高的篮球健将，才会受到女孩的欢迎。而我私下里总是琢磨，怎样才能让自己受到女孩子欢迎。

多年来，我一直经营居酒屋。可我既没有厨师证，也没有其他资格。这就像当年个子小的我认真琢磨如何才能受到女孩欢迎，如何才能赢过那些比我个子大的人一样。也正因为本人毫无资格，我只能拼命做好自己能做到的每一件小事，绞尽脑汁琢磨怎样才能让顾客走进我的店里，成为我们的粉丝，把店做旺。

想想看，“不努力”这个词才是我人生的座右铭。要说我这辈子做过什么样的努力，最多也就是，青春期为了长个子，每天用些奇葩的健康器具，服钙片之类的。可惜，这样也没有得出什么结果。所以，后来我索性放弃了努力。

能够多大程度快乐地工作，且不成为自己的负担，才是开店最最基本的原则。我想，只要能这样快乐地做下去，就能把店开得长远，人生也能得到更大的享受。

乐公司社长　宇野隆史

目　录

第 1 章
个体小店要怎样开？
——没有旺不起来的店——

第 2 章

怎样开店才能使顾客露出笑容来？

——200%提升你的服务能力——

第 3 章

人人都有开店的潜力!

——怎样培养能发挥出实力的人——

第 4 章

开店利器就在你自己脚下

——怎样才能做出畅销产品? ——

第 1 章

个体小店要怎样开?

——没有旺不起来的店——

无论到何时，个体小店都会受到顾客青睐

我这 50 多年来，始终在餐饮行业里打拼。起初也开过咖啡店，但真正意识到创业的乐趣，还是在开始经营居酒屋之后。半个世纪漫长的岁月过去，外面的世界已与我当初创业时大有不同。若问起我的生意方法是否有变，我只能说始终如一。

因为我认为，**无论时代如何变化，老板们站在吧台后对着顾客笑脸相迎，热情地问候一句“欢迎光临”，这样一种面对面的个体店才是最强大的。**

不同于我创业之初的是，如今餐饮店的经营日趋企业化，不少公司纷纷将股份上市，营业额达到几百亿，甚至几千亿日元。我感觉，对打工的年轻人而言，我的店就是一所独立创业的“学校”，为使他们体验创业的感觉，也会在一定程度上增加店铺数量，却从未想过扩大店铺规模。原本，那也是本人力不能及的。每当听说餐饮企业有这方面的计划时，我都会十分钦佩。

不过，眼下日本正面临人口逐年减少的局面，日本国内的餐饮市场形势显然也将日益严峻。在这样一种趋势下，在大型

连锁餐饮店里接受流程标准化的服务，与在仅有一二十人的个体店铺里听到老板一句“今天喝点儿什么?”相比起来，哪一种更能让顾客感到暖心呢?我认为，绝对是后者。假如人口减少，那些大型的餐饮店就未必会像现在一样顾客盈门了。

时代随着科技不断发展，快餐店里很可能将不再需要员工。所以，能够为人们提供温情服务的餐饮店才会显得弥足珍贵。当然了，连锁店里的菜单上面也会标出一些所谓的“独家私房菜”，但当我们在个体店里听到老板娘一句“这是自己做的酱腌，很不错，您尝尝!”时，那份感受是在连锁店里绝对体会不到的，正像手写的信件要比电子邮件更让人感动一样。

因而，我认为，时代越进步，越会让“个体店大放异彩”。

在大型集团里，为使大量的分店正常运营，必须将各种各样的操作流程简化，而个体经营者因为规模小，能够不厌其烦地提供另外一些服务：牢记顾客的外貌、名字，打声招呼“佐藤先生又来啦！欢迎!”，准备好几种干面，询问顾客的具体要求:“主食吃米饭还是面条?或是乌冬面?意大利面也能做哟!”

这种热情周到的服务，才是个体店最大的武器。反过来，菜品也不需要十全十美。**味道最好的菜式，只需准备三道就够了。**

有位厨师曾经说过，只要有四道菜卖得好，就不愁没有顾客。听到这句话时我才发现，原来专业的厨师也是这样想的。

餐饮店里往往喜欢增加大量的菜式，但要想认认真真做好几十道菜并不容易。如果只专注三道菜，即便不是饭店里的厨师，也完全可以把口味做得一年比一年更好，又岂有不成为招牌菜之理？像我们这个行业的店里，后厨员工都是些没有厨师证的菜鸟，不需要做出什么讲究的大菜，只要有居酒屋里食客们最想吃的土豆炖牛肉之类的，就足矣。

专业餐厅要给顾客呈上的，当然得是完美的菜品，而居酒屋呢，从一开始就没有必要太完美。只要坚持付出努力，总有一天你能听到顾客对你说“这道菜，味道比去年棒多了”，也能让他们乐意再次光顾你的店，笑着对你说，“早已不是早先吃到的味道了”。这三道菜，只要能让对方说出“如今的味道很棒了”，就是最理想的。10 年，也不过弹指一挥间。

如今，社交网络平台上的信息顷刻间就能扩散开来，小小一间店前，瞬间就能排起长长的队伍。这也是我当年创业的时候，从未见过的情形。只不过，这种所谓的网红店三五年后又是否能继续留存下来呢？更多的似乎是关门大吉吧。反之，即使不去争做什么网红店，只要能受到周围顾客的青睐，你的店也必定能生存下来——这就是我的观点。

顾客要的，并不是花功夫的菜式

我之所以会步入餐饮行业，源于学生时代自己常去光顾的一家关东煮店，地点在东京下北泽。**那家店里的关东煮，每天只要咕嘟咕嘟煮上一会儿，就能顾客盈门。**那不过是间仅由夫妇二人经营的小店。一年总要有一个月左右，店门上会贴出“因海外旅行，暂时歇业”的通知，这还是上个世纪60年代的事。要知道，普通的日本人能自由到海外旅行，也是1964年才开始的。显而易见，这已经相当不一般了。因而，我想，这么不一般的行业，我是否也可以轻松地试试看？

我大学读的是经济学系，同学们找到的都是些银行等大企业里的工作。尽管当初都在一起玩，但因我的毕业学分不足，只能眼看着别人西装革履地过上白领生活。一方面，我对人家羡慕不已；另一方面，又觉得那不是自己想要的生活。虽说我本来就业的目标也是金融业，但我能工作的地方最多也就是信用金库了，与那些在城市银行里工作的同学没办法相提并论。既然如此，我就干脆开始研究怎样做才能赢过别人。

要想开间自己的店，首先一条捷径，就是找家店把自己作为员工招进去。但为了不让父母太伤心，我最开始还是找了家“公司”，销售咖啡豆的公司。尽管如此，母亲还是一脸沮丧地说，白供你上大学啦！我向她解释说，这家贸易公司是从海外进口咖啡豆的，总有一天会成为跨国公司的。但其实，我瞄准的，是摆在这家公司下属咖啡店里的虹吸式咖啡壶。当时，用这种咖啡壶冲煮出的咖啡，我感觉格外新鲜、有趣。我想，这种咖啡自己也能做得出来。我感觉，它会成为我独立创业时的利器。因为当时年纪不大，比关东煮更有时尚感的事物更能吸引我。

我也梦想着，借着进口咖啡豆的机会，说不定有机会去南美。但实际上，我被分配到公司开的咖啡店里工作，薪水还不到企业里那些大学同学的一半。不过，周围倒也没有多少竞争对手。在这样的职场里，我忽然意识到自己有机会赢过别人了。于是，我想怎样才能让自己鹤立鸡群呢？当我看到老员工们用拖把拖地板时，忽然想到只要改用抹布来擦，不出三个月就会受人关注的。于是，我火速改用抹布擦起地板来。一个月后，公司的领导来视察时，果然夸我说，这小伙子真不错！我喜欢研究一些使自己与众不同的做法，并乐在其中。

我们公司如今的这种开店形式，是在我 30 岁时固定下来的。

我在“公司”里工作一年半后，就受店里顾客邀请，出任了顾客经营的咖啡店店长。那之后不久，我就独立开店了。自己开了咖啡店以后，我才意识到，不卖吃的是赚不到钱的。于是，我开始卖汉堡包和三明治。接着，我又琢磨着怎样才能确保店里为数不多的顾客能带来一定的收益，所以又开始卖起酒水来。

既然要卖酒水，就得琢磨搭配的下酒菜是什么。倒不需要研究什么大菜的做法，但对于该准备些什么样的下酒小菜，自己完全不在行。后来，我开始研究西式炖牛肉和螃蟹奶油可乐饼的做法，可惜无论如何也学不会。

有一天，店里关门后，我到一家小酒馆里喝酒。无意间，我点了烤青椒和烤茄子，却发现价格竟然跟我做的西式炖牛肉一样。这让我突然意识到，**自己花功夫做出来的菜式，未必就是顾客喜欢的。这里的菜品，才是餐饮店里真正该有的东西。**

自那之后，我想，不一定要专注于某道菜，要与其他餐馆拉开差距，那么至少应当做些比隔壁店家有趣的事。我开始绞尽脑汁想点子。正因为我不会做菜，反而怎样都不会难为情，什么都敢于尝试。所以如果我吃到韩国料理，第二天就会试着用蔬菜叶子卷上牛肉，端给顾客品尝。一吃到千层面，就会用冷冻的饺子试做出千层面，请顾客试吃。顾客反响不好的菜式就撤掉。反过来，顾客爱吃的菜就继续坚持，也没有什么损失。

如今，我们店里依然会上那些做法简单、顾客爱吃的菜式。

主动跑来我店里工作的，全是些连厨房都没下过的年轻人。我常跟他们说，**我们不能做这条街上味道最棒的店，但可以做这条街上最开心快乐的店。**这样一来，尽管我们的菜不是最美味的，却因深受顾客的喜爱，而最终使我们的店越来越旺。

我们有个已经独立出去的学员开了店，曾经有对夫妇在他的店刚开业时，连续六天到那里吃饭。这位年轻的店主并不擅长做菜，却极喜欢聊天，是个非常活泼的年轻人。不管你的菜多么美味，连吃六天都会让人生厌，而你的快乐不会让人生厌。

“痴迷”可以诞生极大的工作热情

人一旦做起自己喜爱的工作，就不会觉得痛苦。同样，餐饮行业虽有各种各样的工作方式，但只要自己开店，就可以自己掌控一切，这就是独立开店最大的魅力。

当然，开店过程中也不全是快乐，有时也要为营业额迟迟上不去而烦恼。不过，**在我心里始终存在一个作为“实施者”的自己，和一个作为“指挥者”的自己，这样可以让我客观地看待这一切。所谓作为实施者的自己，是指实际为顾客提供服务，在店里推销酒菜的自己。而作为指挥者的自己，是指管理店铺整体的自己。**

例如说，什么菜品卖得不好，我脑子里的实施者就会为之苦恼。这时，脑子里的指挥者就会指导我营销的方法，实施者也会向脑子里的指挥者提问。于是，脑子里的实施者就能暂时得到休息，有时，他也会向指挥者抱怨说，就是因为你的指示错了，才卖得不好！如此这般，**两种立场不断切换，才不会形成压力。**

自己要推销的东西，首先自己会对其痴迷。因此，不论眼前的状况如何，我都会站在指挥者的立场告诉作为实施者的自己，我现在对这件事有多痴迷。如今我早已不在一线工作了，却会清楚明白地告诉那些代替我实施的人——在店里工作的学员们，我对那些商品有多痴迷、多喜爱。这样做，也可以大大提升店里年轻学员的营销能力。

偶尔，我们会步入书店，寻找一些好看的书。这些时候，书店员工手写的评语常常映入我们的眼帘。如果那些评语能体现出这个人如何痴迷于这本书，我就会毫不犹豫地买回来。**让他人知道自己有多痴迷，是一种激励他人行动的动力。**

除了餐饮业，企业里也要拥有表达创业者对事业如何痴迷的理念、方针。把这份痴迷传递到工作一线，是一种极其重要的激励方式。只要把自己怎样对公司的理念痴迷，怎样对之关注，全都传递到工作一线，就能激起一线员工的热情和能量。

比方说，我听说本田公司的创始人本田宗一郎就曾在隐退后，到现场不停地抚摸那些摩托车和汽车。光看他的背影，就能体会到他对汽车的痴迷，而这份痴迷也大大提升了一线员工的热情。

创业者与一线实施者之间一旦有了共鸣，公司才会做出特色。在这种做出特色的公司里，人才也会被吸引，圈子也会越滚越大。这样下去，公司才能得到发展。

为什么说个体小店绝不会倒闭

50年一路走来，昔日与我们店一同登上杂志的旺店，有些已经不在了。有人说，餐饮业竞争异常激烈，真正能做长远的店极少。

然而，我个人完全不能理解这些店为什么会倒闭。尤其是，只开了一间店，居然还会倒闭，这真是让我百思不得其解。只能说，店主没能将自己的全部热情倾注进去。之所以想到开店，自然是因为想拥有一间属于自己的铺面做生意。有了这样的想法，居然还会做不下去，真是难以置信。

以前，曾有家店引起了我的关注。那是一家面包店，开在只有一条巴士路线通过的偏僻地段。当时我还想，这样的地段也能开店吗？可是，那家店里摆了自助咖啡，可以坐在店里的椅子上免费饮用。因此，很多送孩子上学回来的妈妈就会顺便到这里来坐坐。店家尽管地处偏僻，却想尽办法发挥出了自己的智慧。不管什么样的餐饮店，都不可能没有做旺的办法。

比方说，很多小孩子去学空手道时，功夫还没强大到能打倒别人，就会展开种种幻想，要帮助自己喜欢的女孩子什么的。

这倒不是说，我们需要幻想怎样打倒其他餐饮店，而是说，做为一名店主需要这种幻想的能力。**通过幻想来进一步琢磨，研究怎样才能把自己的店做旺。**

能得到顾客一句“味道真棒”的评价，就是支撑整间店铺的主心骨。比方说，可以这样幻想一下：第一个尝过你试做的菜，说好吃的顾客，可以把他的名字写进菜单里。一个叫美智子的顾客吃了你的肉酱意粉大呼好吃，菜单上干脆写成“美智子肉酱意粉”，那样她一定会带上自己的朋友来你的店里消费，一定会成为你们店里的铁杆粉丝。只要眼前的顾客露出笑容来，笑容就会一个接一个地出现。像这样的店，就没有旺不起来的理由。

店里也可以培养一种积极意义上的“族群”。我们店里一名已独立出去的年轻学员，在开业周年庆时，常常举办赏花等与顾客交流的活动。因此，在他的店里就形成了喜欢某样东西的“族群”。

我自己刚开始创业时，也常常把顾客喊到自己家里吃烧烤。等居酒屋关门后一个小时左右，我说，现在开始我来请客，大家一起喝啤酒！如此这般，与顾客之间结下了深厚的情谊。不付出这样的努力，是绝对不行的。

原本，我们之所以想到开店创业，是受到了某种启发。多数是因为看到了哪里的旺店，自己受到了刺激，也想开家这样

的店。所以，当你在生意上陷入困境时，不妨再去那家旺店里仔细看看。这样你就能明白，自己的店里究竟出了什么问题。

我想，在你为是否要关店而苦恼之前，首先要意识到自己是有一家店的。天底下也有很多人到了四五十岁，还只能在别人手下工作，没有自己的店。不过，即使有了自己的店，也不是说仅凭开业时的心情重视每一位顾客，就能经营下去的。可以考虑菜单里加个咖喱什么的特色菜式。假如顾客觉得这道美食不错，想尝尝看，你就可以告诉他，这道菜放到最后点的话，可以享受400日元的半价优惠。要是顾客说，我再喝点酒，那营业额就上来了，顾客也可以尽兴而归。

咖喱之类的，又不是多复杂的菜式，坚持练上一个星期，准能做好。就这样，坚持做些简单的菜式，明天就会比今天好，后天就会比明天好，一定能做出吸引顾客的拿手美食来。千万不要觉得这种事难以做到，如何享受开店才是持久的秘诀。

生活中遇到的感动都可以成为开店的财富

生活中往往能遇到许多不起眼的感动和惊喜，这些也是我在创业中尤为重要的财富。

有一次，我在便利店里买高尔夫杂志，收银的阿姨一边收银一边对我说："在我这里买，成绩一定会好哟！"那一瞬间，我的心情就比平常买杂志时好多了。尽管彼此的行业不同，这句话却深深留在了我的脑海里，也被我在开店时拿来借鉴。不是把菜品端给顾客就完事，稍稍加上两句话，就可以使顾客的心情快乐起来，何乐而不为呢？

在乐公司最早开店的地方——东京经堂，有家常年营业的拉面店，我感觉相当特别。高中生们常常骑着自行车来到店前，你一言我一语地："今天又歇业啊！""这家拉面店好牛啊！一整年都歇业！"这家店前时常贴出"参加西班牙国际面条会议"之类的通知，长期关门歇业。盛夏最热的时候，甚至会贴出"本店为拉面店，开空调也不凉快"，然后，外出旅行一个来月。只不过，每次关门歇业之际，店家都会贴出一些有趣的通知。这种有趣，甚至还吸引了高中生。也就是说，这家店即使歇业期间，也能吸引到顾客，这让我觉得很不一般。

前一阵，我还遇到一家年轻人开的店，也很特别。店里的主题居然是传统日式料理与现代摇滚音乐。老板是一名在老字号店里当过学徒的年轻人，厨艺相当了得，厚蛋烧之类的传统菜式完全不在话下。可是，店里的背景音乐居然是摇滚风格。这家店铺位于极繁华地段，仅凭厨艺佳的日式料理，并不能在激烈的竞争中脱颖而出。于是，老板想出了把自己爱好的摇滚与日式料理相结合的主题。被摇滚音乐吸引的顾客进店以后，发现端上来的菜式居然是传统日式料理，这也很容易给人留下深刻的印象。

开业庆典时，他们还租下大市场里的设施，举办了落语（译者注：日本的单口相声）和三弦表演。这家店，就是以这样的方式维系着与顾客之间的关系。甚至，店主本人的头发都是摇滚风格的金发，走在路上极易让人一眼认出，这就是那家店的老板！遇到这种积极努力的餐饮店，我自己也能收获很多正能量。

年纪大了以后，似乎能量越来越少了。但餐饮行业里，不论何时总有很多怀揣梦想的年轻人，我们随时可以从他们身上收获能量。前一阵子，太太对我说："你是不是该退休了？"但当看到店里独立出去的学员开了家很棒的店时，她居然也鼓励我说："老头子，还等什么？"我自己也是如此，越是看到旺店，越觉得绝不能输人一等。就是这样，我总能从心底感到工作使自己快乐。

容易出现理解偏差的“个性化”路线

研究自己的店面风格时，很多人总想把自己的个性展示出来。像我们店里独立出去的学员，有人做铁板烧，有人做炭火烧，也有人一边研究前辈开的旺店，一边为了避免模仿前人，刻意展示自己的个性，连招牌上的菜名都是别家店里很少见的。想方设法改善自己的店面风格，的确是件好事。不过，我感觉这种“个性化”，往往容易演变成自以为是。

在店面风格上，重要的不是怎样发挥出自己的个性，而是怎样把你的店打造成让顾客待起来更舒心的地方，怎样更能把店里的理念传递给顾客，怎样更能让顾客轻松地走进你的店里，让他们觉得可以在这里放心地度过一段愉快的时光。与自己的个性相比，考虑顾客的需求显然更重要。

我认为，不妨认真研究一下各家旺店，把 A、B、C 店各家特点结合起来，再琢磨出 D 这种专属于自己的店面风格来。研究将多家旺店的哪些元素、怎样组合在一起，才是店面风格的“个性”。

再比方说，菜单。要让顾客在看到菜单那一瞬间，就愿意点上面的菜——这才是最重要的。如果你店里的菜式太有个性，不能激起顾客的食欲，你开店的方法就是有问题的。

刺身、关东煮、牛肉炖土豆，这些都是个体居酒屋里最最常见的菜式，从来没有发生过变化。而之所以没有发生变化，是因为顾客们本来就爱吃这些。既然如此，只有把这些常见的菜式做出来端上桌，才更能让顾客感到满意和放松。

酒水也一样。我们这种居酒屋行业里，与其绞尽脑汁研究酒单里还差什么酒水，不如研究如何轻松地把酒水卖出去。例如，第一杯500日元的话，第二杯干脆450日元，第三杯400日元。这样写在菜单上，就会让顾客觉得："嗯，有点意思!" **有些店家非要把日本酒备齐100种，但我们居酒屋又不是专卖日本酒的，何必备齐那么多种类？只要有能向顾客推荐的酒水就可以了："今天您要不要尝尝这一种？"**

我常说的一句话就是，你开的第一间店不要做成自己想做的店，而要做成能赚钱的店。要是第一间就按自己的想法做，很难把顾客吸引到你的店里。因此，先把第一间店做旺了，第二间、第三间再做成自己想要的形式，会更好。

要把不旺的店做旺，只需花些小功夫

走在街上，时常可以看见有些店门口摆着一排排空的红酒瓶。每当我看到这一幕时，心里总是想，这家店肯定旺不起来。因为，店门口才是我们成败的关键。这里本应是绞尽脑汁，极力招揽顾客的地方。

虽然只是摆了些空酒瓶，但显然完全没有花心思在上面。真要摆些空的红酒瓶，大可以在里面添上水，增加一定的重量感，或者摆放得好像真的红酒一样。而这些功夫，全都是些既不花金钱也不花精力的小功夫。

有些店家会把看不清字迹的黑板摆到店门口，这也是万万不可的。明明菜单是当天手写出来的，纸张却皱皱巴巴的，好像过了很多天，这种店不行。菜单就好比写给顾客的情书。今天要发一封什么样的情书呢？每天都必须用一颗全新的心来书写，这样才能表达你的真心。谈恋爱的时候，虽然每天情书内容基本上差不多，但如果你发的都是皱皱巴巴的东西，毫无疑问，你不可能得到对方的心。当然，有时工作的确会忙到没时间每天抄写，那起码一天抄出几天的份来，再每天把心情加进去就可以了。只要在上面加一句“今天真热呀!”“很适合来杯啤酒喔!”之类的，留给顾客的印象就完全不一样了。

只不过，这种提前抄好的菜单需要注意的一点是，上面写的菜式当天一定要有。刚刚开门，自然不可能马上卖光。然而，有些店里，手写菜单上的菜式就是会没货，这是绝对不行的。还有些店里，菜单上明明标的是当天的日期，居然开门没多久就断货了，这样的做法更是不可取。菜单上要标上日期，是为了表明你店里的食材有多新鲜。而这样的菜单，就完全不能让人体会到你的食材有多新鲜了。

旺的店与不旺的店之间，存在着极大的差距。可是，只要下一点小小的功夫，不断地付出努力，就可以最终形成极大的差距。尽管“出发地点”相同，只要前进的方向不同，就能在1公里、2公里的推进过程中，逐渐拉开差距。就是这样，“出发”时只需简单地下一点功夫就行了。

我们公司有家分店，新店长上任之后，为了提升经营状况颇吃了一番苦头。于是，我告诉店长该怎样做。

我告诉他，我们店里的前菜一般是沙拉。首先，光上一盘沙拉是不行的。从前菜开始，就能决定一家店的成败了。

比方说，夏天时，沙拉上可以放点毛豆和当季的蔬菜。只要放一点点上去，就能营造出季节感，使顾客格外惊喜。加点下酒的毛豆上去，还可以制造机会让你跟顾客聊上两句。小小一道前菜，就能拉近顾客的心。

另外，居酒屋里为了提高服务速度，常常会把烧酒的瓶子配上专用瓶盖，口朝下挂在天花板上，我们店里也是一样的做法。只不过，当我看到其他店里挂的酒瓶时，会感觉有些地方并没有花心思。在我们这里，会把瓶子上的标签小心地揭下来，再上下反过来贴上去。这样，瓶子虽然是倒挂的，顾客却可以正向看到标签上的字。细心一点的顾客就会知道，这家店有多为顾客着想。这不过是件极平常的小事，却能提高整间店的价值。有些店家会把这样的事情全都交给店里的年轻员工。个别人会偷懒，不再改贴标签了。可要是连这样的小事都坚持不了，就太可惜了。

重要的是，能对开店起到积极作用的小事，一定要不厌其烦地坚持做下去。每天制作同样的菜式，天长日久必会使许多年轻人感到厌烦。可是，做菜的人虽然厌了，吃菜的人可不是每天都来吃的。顾客们正是因为想吃这个菜，才来你这里消费的。我曾经看过一个美食网站，上面写的是“不再千篇一律化的做菜方式”。那说明，这道菜人气已经旺到千篇一律了。其实，最受欢迎的菜式，往往并不需要改变味道，只需琢磨一些不使顾客生厌的办法。比如，如何改变摆盘方式等。这也是一种手段。比方说，魔术师们都变过成百上千次的魔术，尽管他们非常清楚里面的机关，但每次照样能把魔术变得精彩好玩，逗观众开心。经营餐饮店也是同理。

“不会做”才是开店的利器

我始终认为，“做不好”并不是一道障碍，反而是一种强大的能力。即便有些事你“不会做”，但总有些事是自己“会做”的吧。既然如此，就不要为了自己不会做什么而烦恼，应琢磨一下你会做些什么。切不好生鱼片，大可以做成凉拌菜，那样就不用讲究刀工了。我认为，“不会做”这件事，只要改变视角，就能变成“会做”了。

有一次，秋刀鱼大量上市，店里的学员想在菜单上画出秋刀鱼来，但他本人画得不好，就来找我帮忙。我跟他说，你自己先画画看。他竭尽全力画了一条出来，可怎么看都让人感觉是只海豹。然后，我问他，你画的是什么呀？他说，我自己觉得是秋刀鱼。所以，我说，那不是已经有答案了吗？只要画上这只“海豹”，在旁边写上“本来画的是秋刀鱼”，反而比画条栩栩如生的秋刀鱼更有趣，也更讨顾客欢心。要把画画练到完美，那是艺术家的事。我们只要把目前自己能做到的事当作武器，就什么都可能实现。要想事事都练到最好，是需要努力、时间、付出的。既然如此，我们还不如利用手里现成的能力，琢磨一下眼下能够做些什么。

我们公司有些店里，甚至不画，直接用秋刀鱼模具来印制菜单。那样反而卖得更快，一天居然可以卖出三四十条，是之前的四倍。

菜单上的字和画太精致了、太好看了，反而更容易让人忽略。实际上，画得好不好无关紧要，本来我们就不是靠画画吸引顾客的。我们要拼命研究的是，怎样才能比别人更吸引顾客的关注，这才会成为你推销的能力。

“不会做”没有什么大不了的。只要找到正确的方法扬长避短，就可以了。

再比方说，用萝卜或芋头刻出个简单的文字印章，也很好玩。在菜单上印个J字，就会让顾客觉得纳闷，这是什么意思？这时候，就可以告诉顾客，店里兼职的女孩子是强尼·德普的铁杆粉丝，这样就很容易跟顾客聊起来了。

要是自己一个人开店，招呼顾客时也只能做些自己力所能及的了。比方说，有些店里只有老板娘一人忙里忙外，老板娘往往会说句“抱歉”，让顾客自己到吧台里拿菜和饮料。可是，这样反而更容易拉近顾客与店主之间的距离。比起请个不中用的帮工来，这样的做法既不花人工，又能让顾客帮忙，还可以感激地来句“回赠您一道菜”。

把“不会做”研究到极致，就能变成强大的开店利器。

平常的点滴积累可以做出旺店

“居酒屋要做到无所不包太难了，必须做成某类专业的才行”——餐饮业里似乎形成了这样一种共识，只因太多大企业开了各种菜品无所不包的“综合性居酒屋”。有人认为，这种无所不包的模式已经让顾客感觉厌倦了。

但我觉得不尽然。夫妻二人开上一间小巧而温情的居酒屋，一样可以一如既往地宾客盈门。而且，这样的店家也能受到年轻人的喜爱。在这样的小店里，不论是豆腐烧肉、炒乌冬面，还是关东煮，什么样的美食都吃得到。个人认为，不论何时，最强大的店铺，莫过于这种个人开的综合型居酒屋了。

我们公司那些分店，目的是培训学员，使之独立创业开店。我之所以敢向那些年轻人保证，他们一定可以开出旺店，可以开出一辈子快乐生存下去的店，正是因为我一直坚持开的，就是这种无所不包的居酒屋。**我们的学员靠自己存下的一点钱，在三流的地段开店。在那些地段里，只有开出既有生鱼片，又有关东煮，还能吃到辣椒意粉的店来，才更能让顾客感到满意，愿意回头。**

至于那些大型餐饮企业呢，整个集团都要全体出动，一起研究下一季的菜品，再拍成漂亮的图片，做成厚厚的菜单和海报。在菜店门口看到“芋头又上市了”时，心里盘算当天的菜单——这是个人开店的做法。心里一边想着某位顾客的模样，“这种食材，真理子肯定爱吃”，一边研究可以做出什么菜来。这样做出来的菜式，一定能让你的顾客满意，也能让你的顾客成为店里的粉丝。而那种大型连锁居酒屋就不存在这样的自由，这一点我觉得相当可惜。

我们那些独立出去开店的学员，常常会借鉴前辈的旺店经验。但不管多旺的店，也未必就能为自己开店提供借鉴。例如说，已独立出去的学员里，有个小伙子开了家人气极旺的店，一晚上能有五六轮顾客。连他妈妈都说，“我们家儿子就是精力太旺盛了”，他就是这么一个极富有精力的年轻人。可是，这样的天才 100 个人里才有一个，我们不能期待每个人都像他一样，瞬间把店做旺起来。我时时刻刻要研究的，就是剩下那 99 个人如何也能把店做旺、做成功。哪怕隔壁就是那个前辈的店，也要考虑怎样才能把自己的店做成每天宾客盈门的地方。

不过，这并不是多难的事。

在我们公司一间分店里，有一名学员做了两年半的店长。此人非常能干，升任店长后营业额提升了 50%，原来不到一千万日元的月营业额能达到一千几百万元。怎么样？很了不起吧。

这名学员因为喜欢音乐，高中就退了学，和母亲一起开了间店，却很不顺利，很快就关门大吉了。连他自己都认为“我就是个笨蛋”，绝不是刚才说的那个前辈那样有天分之人。但每次我去他们店里，都能发现许多让人快乐起来的小心思。

最让我佩服的，首先是洗手间里的贴纸，纸上写着“不要喊我们服务员哟！请直呼我们的名字，我们也想直呼您的名字哟”。

餐饮店里的店员能让顾客直呼自己的名字，并记住顾客的名字，是非常重要的。这样做，可以一下子拉近与顾客之间的距离，形成良好的人际关系，使顾客成为店家的粉丝。我们店里的店员都挂着大大的姓名牌，就是为了让顾客能直呼自己的名字。

而在那间店里，不光是洗手间里贴着纸，有一名兼职女孩还想了个办法，每次给顾客上菜时，都会顺便面带微笑地送上一张纸，上面写着“叫我服务员会罚款500块哟！请喊我小××!”。这样一来，几乎所有顾客都会直呼其名了，店里的气氛一下子完全不一样了。

时刻保持洗手间里的清洁，这也算是餐饮店最最基本的一条了，但在这家店里，又格外花了不少心思。许多餐饮店里都会贴着一张打了钩的表格，上面确认店员是否每隔一个小时清洁一次洗手间。而在那间店里，这种贴在显眼位置的表格上是这样写的：“这间洗手间是我××做过清洁的。”并且没有打钩，而是写着“尝尝刺身吧！很新鲜喔！”之类的推荐语。只要花些如此平常的小功夫，原本不起眼的巡查表就不再给人乏味的印象，还能使顾客的心情大好，体会到整间店的活力。写得好，说不定还能帮你的菜品卖得更好。因为，表格上清楚地写着的员工名字，说明当事人一定是认真完成了清扫。

在那间店里，还有这样一件趣事：那位店长常说，兼职学员也跟正式员工一样，都是店里的脸面，所以他给一个不太有存在感的兼职小伙子起了个昵称，叫“店长”。这样一来，员工们总是此起彼伏地喊着“店长，帮我拿一下饮料”“店长，洗一下盘子”。顾客听到了，自然大惑不解。于是，这名学员上菜时，就会解释一句“我叫‘店长’”。这也使顾客感觉这家店似乎很有趣，也让那名当了“店长”的年轻人获得极大的成长。

让顾客直呼自己的名字也好，细心地清扫洗手间也好，把兼职人员同样看作店里的门面也好，那位店长下功夫的地方，全都不是多么特别的地方。哪怕你没有特别的能力，做不出异常美味的菜式，起码这些小事做得到吧。这些餐饮店里平平常常的点滴小事，正是我们每次开店长例会时反复强调的东西。只可惜，有些店家会在不知不觉间把这些平常的点点滴滴忘掉，渐渐地不再注意了。我们并不需要做出什么特别的大事，**只要多积累这些平常的点点滴滴，就能做出旺店来**——这就是我的观点。

在高尔夫球道上发现的高尔夫与开店之间的共同点

前一阵子，我常去打高尔夫。因为最近总是一个人去，就会跟各种各样的人一起打球。前几天，我就是和一家大企业的执行董事一起打的。此人有个非常不一般的特点，不管球飞到哪里，都绝不移动球位，一定要直接挥杆。

像我们这些人，打高尔夫的目的不过是玩玩。要是球的落点处草坪太秃或太泥泞等，感觉不好打时，往往会根据“六英寸位置”规则，在规定范围内把球移开。但这个人却从不把球移开，而是直接挥杆。他还说，打这种高尔夫才是最有意思的，因为只有这种时候，才能打出飞到特别奇怪位置的球。

比方说，球飞到那些草坪被削掉的坑里时，要把球从坑里拿出来正常打就没意思了，必须反复琢磨打法。怎样打，打到哪里，这些才是最有意思的地方。

想想看，这种时候如果真打好了，肯定比正常的打法有意思得多。听说，他打算退休后从事职业高尔夫。

听到他的话，我想打高尔夫跟开店并无两样。

即使挥杆后，球飞到了球道上，到落点处看看，说不定它正好卡在某个地方。那么，要是不移球直接挥杆的话，就不一定是朝草坪打了，也可能要朝两侧打，甚至可能朝与草坪相反的方向打。而我们开店时，也不光向前进，有时也需要暂时后退。像我这种开了将近50年店的人，在创业过程中，有时也会因店面拆迁或人手不足等，需要考虑重建，甚至关门歇业。

但这种时候也为我提供了机会，到一些意想不到的地方开店，甚至可以开出一些势头格外迅猛的店，并给其他分店带来刺激。而每开一间店都能成为特色浓厚的店，势必可以形成继续开店的动力。倘若次次开店都能这么顺心如意，当然理想了。但不可能每次挥杆都能一杆打到球道上。**即便开店之初宾客盈门，时间长了，也必定会有高峰与低谷。我们要根据不同的状况，琢磨当时能做的事，培养自己营销的能力。**只有看到更远的将来，才能积累更好的“分数”，也就是说，开出更强大的店来。

我想，打高尔夫还有一个与开店一致的地方：**要想得到好的结果，就必须有自己擅长的部分。**

我今年已74岁，挥杆打出的距离跟年轻时相比，显然差太多了。面对一个长5杆的洞时，通常会选择第3杆打到草坪上，再轻击两次使球进洞。而我总是从一开始就想第4杆进球。但不管我多着急，3杆也打不到草坪上。按我的年纪，想继续增加距离是不大可能了。我比别人打出的距离要短，但也一定要打到草坪的方向，才能得分。

与此同理，创业过程中要是总做些自己不擅长的事，是不能成功的。像我们这种居酒屋，不管店里的学员多努力，做出的菜品都不可能与那些高级餐厅里当了多年学徒的大厨媲美。可是，假如居酒屋必有的菜式——土豆炖牛肉，只要每天坚持做，味道一定会越来越好。我们店里每天都会把肉添上高汤，咕嘟咕嘟地炖上半天，这样做出来的土豆炖牛肉自然极受欢迎。虽说做不到像法国料理那样，在菜单上写上“日本第一美味”，我们店里的学员也完全可以拍着胸脯说，这道菜是“日本第一美味的土豆炖牛肉”——要想卖出自己的东西，就必须有能说出这句话的底气。

年轻人一看到其他店里有什么新奇的菜式，往往希望拿来为己所用。但与其做这种自己不擅长的事，还不如把自己擅长的居酒屋人气菜式做到极致，这样绝对既轻松又受欢迎。

至于招牌菜，店里的员工们很可能认为目前已经“卖到最大限度了”。但因为招牌菜都是自己店里擅长的菜式，只要好好做，完全有办法卖得更多。比方说，在我们店里，我就鼓励他们把土豆炖牛肉的销量卖到翻倍。实现顾客的点单量翻倍很难，但可以说一句“再加200日元，就可以上大盘，菜量翻倍”，那样顾客自然乐意，营业额也就跟着增加了。而且，与增加点单量相比，显然增加同一道菜的单笔消费，既不需要增加人手，也更方便店里的运营。

近来，所有行业都面临严重的人手不足。既然如此，我们就得研究一些不用增加人手也能展现魅力的菜式。

在我们店里，刺身算是一道招牌菜了。本来，这道菜应该在顾客面前切片、装盘，借以展现食材的新鲜和魅力。但因为人手不足，营业高峰期要做到这样的操作实在太不容易了。所以干脆研究一下，怎样不在顾客面前切，也能吸引顾客的食欲。

比方说，可以用海带夹住薄切的刺身，盖上保鲜膜，预备成随时能上菜的状态。上菜时，只要在顾客面前轻轻地把刺身上的海带移开，摆在盘子里，就能吸引顾客赶快下筷了。

不断绞尽脑汁，就能使自己推销商品的能力一步步增强。要想培养这种能力，就不要为自己有什么软肋而苦恼，更应清楚自己的长处，并提升相关的推销能力。我想，只有这样，才能轻松做出旺店来。

吸引顾客的并非一流的店址而是三流的地段

曾经有一次，我们在东京涩谷经营了 13 年之久的店铺因合约到期，需要搬迁。有很多顾客愿意跟过来，所以必须在离之前店址不远的地方找一处有特色的铺面。但要想找到跟原来店铺规模一样有 100 座的，就只有那些餐饮大厦里的铺面了。

我个人绝不会在餐饮大厦里开店。另外，车站前那些容易吸引顾客视线的地段，我也从不会选择。我们那些独立出去的学员，都不可能租得起那些昂贵地段的铺面。一般来说，**像那些一流的地段，也并不能让顾客在进店前经历什么激动人心的剧情。选在一些离车站不算太远又别有特色的巷子里，反而更可能让顾客在来的路上经历一段有趣的路程——这样的铺面，才是我认为的好地段。**

不过，能碰上那样的铺面也要看缘分，通常很难遇到完全合乎自己心意的地点。因此，我常提醒独立出去的学员，一定不要着急，尽量慢慢地寻找合适的地点。因为，自己独立开出的第一间店，既是事业的起步，也是一生的财富。

要想找到相对满意的铺面，就要付出足够的努力。首先，要穿上正装，把店铺的计划书也做成文件，带到房产中介去。最好铺名也大致先想好。那些从我们店里独立出去的二三十岁的学员，都会西装笔挺地走进中介办公室。最重要的是，那样也能让房东放心。之后，还要勤到中介那里去打打招呼，关键是让对方记住自己。这样一来，一旦有合适的铺面空出，对方就会马上想到你。

不过，极端点讲，我认为，第一间店开在哪里都没有太大的关系。第一间店的魅力之处，与其说在于地点，不如说在于老板。只要老板本身有魅力，顾客自然就会来了。

前面提到的那家店，就开在涩谷火车站的南侧。那一带一直在推进开发，我的店开在一个比较偏僻的半地下处，附近几乎没有什么餐饮店。说实话，本来我已经做好前半年门可罗雀的心理准备了。幸运的是，从开业起一直盛况空前。

这家店比之前的店面要小，所以椅子都做成了长凳的式样——这也是我最早开居酒屋时就定下来的模式。做成长凳式，有个好处：人多了，顾客可以挤一挤坐下来，店里还能营造出格外热闹的气氛。吧台旁坐的多数是成双结对的顾客，而大桌周围做成长凳式样，人多了一样坐得下。这样就能有很多成群的顾客光临，顾客的单笔消费也就能上来了。

务必亲自画图纸，培养自己想象开店的能力

前些天，一名独立出去的学员把店面图纸拿给我看了一下：一间20坪大小的店里，居然只能坐40个人。要是什么高级料理店，也就罢了。但年轻人，开的都是顾客单笔消费在3000日元左右的店，这样的设计是行不通的。像我们公司的店里，区区13坪都可以做到四五张桌子。只要你把店面设计全盘委托给设计师负责，就会出现这样的情况。个别设计师甚至完全没有过设计店铺的经验，居然把洗手间设计成了土墙。餐饮店的洗手间里最容易藏污纳垢了，墙面一定要能用水清洗，还必须做好防水，要装上大号的排水口才行。

因此，开店时，一定要亲力亲为，自己画图纸。制作酒水的地方、清洗物品的地方自不用说，还必须包括厨房和座位通道的宽度，桌子的大小，使用哪种材料等等。如果不亲自过问，不仔细研究，不把具体要求告诉对方，就不可能打造出称心如意的店铺。即便找些熟悉店铺设计的设计师，对方的“常识”也未必就与你的想象一致。

我们在涩谷开的那间店里，厨房的通道宽度仅有55厘米。

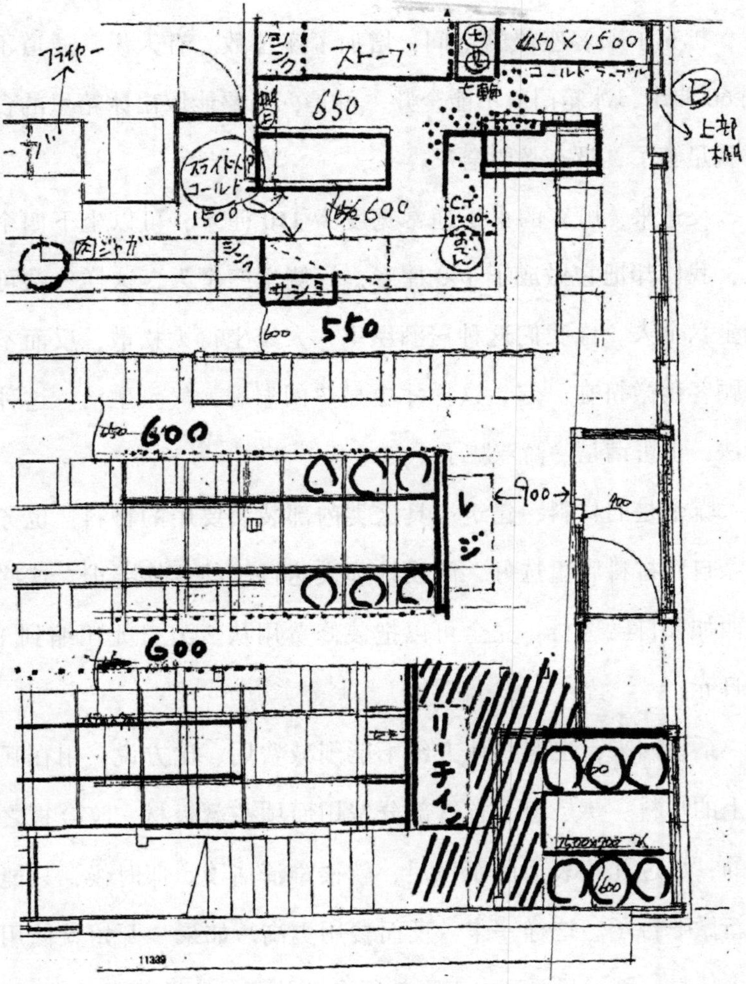

图为东京町田一间分店重装时一楼的部分图纸。关东煮、刺身盒的摆放位置和通道宽度均已指定好

一般来说，通常都要达到60到70厘米，而我们通过削减这一宽度，扩充了顾客座位的空间，增加了座位数。有人说，通道不到60厘米，冰箱门就不能全开。可是，只要能取出冰箱里的食材就足够了，没有必要全开。

反过来，顾客的桌子通常宽度为110厘米，可以坐下四个人，我们却把它做成了140厘米，一侧坐三个人，这样一共可以坐六个人。像我们这种居酒屋里，大家坐得太松散，反而不如顾客稍微挤在一起，这样才更显热闹温馨，气氛融洽。这种做法，也可谓是一箭双雕了。

哪怕是旧材料、建筑工具这类内部装潢要用的材料，也务必亲自到材料店里选好，向设计师表达自己的具体要求。这些东西如果自己选材，完全可以把装修费用从3万日元压缩到1万日元。

话说回来，也有些地方绝不能削减费用。比方说，用在吧台上的材料。要是想节省这部分费用而用些薄板材、胶合板之类的，再过几年表面脏了以后，就很难清洁了。那时候，只能重新做吧台了。这样一来，反而费用更高。如果一开始就使用无尘板材，脏了只要刮去表面就行了，并不需要花额外的费用。我们开店既然打算坚持10年或20年，就一定要以长远的眼光认真研究清楚，哪些地方可以削减费用，哪些地方不能。

再比方说，盛放刺身的盒子直接买成品的话，往往太大了。

经常看到有些店里，把刺身和蔬菜混放在一起，感觉不够诱人。因此，我们店里用的都是特制的小盒子。虽然看上去有些奢侈，但盒子里刚好盛满刺身，绝对吸引顾客。

或许有人觉得，亲自参与装修的细节部分太辛苦。但唯有这样，才能让你的店面风格越来越具体，越来越使顾客满意，这样才能提高你的营销能力。

重装是提升营销能力最直接的“契机”

如果营业额迟迟上不去，就需要转换一下思维了。我们常听说，有人把店铺重装了。然而，重装之后一开始的确可以提高营业额，但很快就长不上去了。这样的情况，想必并不少见。**即使你把店面重装了，但如果仅以此为卖点来营销，很快就会使顾客厌倦的。我认为，重装不过是使自己营销能力飞跃的一个手段。**

我在下北泽开的那间店曾在开业 30 多年后，进行过一次重装。不过，当时只是全面换了厨房里的机器，内部装修并没有改动。下北泽也是我开出第一间居酒屋的地方，那里有剧场，有特色，有年轻人的热情。不过，近些年来周围在不断地拆迁重建，很多吸引眼球的新店层出不穷。但这样反而更需要我们体现出自己店的历史感来。不论出现人气多旺的店，都无法与我们那种浸染了老街历史的旧式装修相媲美。

乍一看，这种重装好像“原封不动”。但通过重装，依然能从店里的学员身上看到改变，也能使那些年轻人迸发出新的热情。

原来的老厨房，是当年开业时为了配合当时的操作流程设计的，如今已不能满足店里的学员要求。所以我把里面的动线设计全部交给他们来研究，这样他们就会有一种自己才是店里的主人这一强烈意识，也能慢慢体会到做好菜卖出去是件多么快乐的事。也因此，才能培养营销的能力——这才是重装的真正意义所在。

在我们公司里，有些分店重装之后，月营业额能增加 150 万日元。还有些店分一、二楼层，座位超过 100 个。开业十几年后，每次有能干的店长独立出去，就会选择重装。

重装歇业差不多要一个半月，因此减少的营业额足以在涩谷开一间店。但为了重振员工的士气，必须进行重装。

首先要重新设计门口的风格，再增加洗手间的数量，使顾客在店内期间，感觉到更加温馨舒适。不过，仅因为重装了店铺就增加了客流，那会使新任店长感觉毫无挑战性。所以务必充分让他们意识到，不仅是因为重装，更因为他们的努力，营业额才得到了增长。这样，才能开出真正强大的店来。

因此，我会激励他们通过自己的努力提高营业额。他们也都会拼命想点子：增加洗手间的清扫次数；对来电预约的顾客说句“我们会做好美味的刺身，恭候大驾光临”，使顾客听到时万分期待；身上的白工作服每天认认真真熨烫平整——仅通过这些点子，就会有很多收获。

如此，新店长们怀着不能输给前任的心情，踏踏实实努力，形成了一种良性的竞争。也因此，最终能提高月营业额。

不过，从“竞争”的意义上讲，有些时候也可能让人产生这样的疑问：有些做法是不是存在问题？

比方说，我们独立出去的老学员开了店以后，都会主动回来帮助店里的年轻学员工作。从内部装修到设计菜单等，提供借鉴的部分非常多，我也很支持大家这样互相帮助。因此，店里的学员不只是在开业前帮别人做营销，开业后也常这样做。那些独立出去的学员新开的店址附近有我们公司的分店时，店长都会前去帮忙。由于地点的关系，新店的顾客八成都是我们店长认识的。尽管如此，他们还是面带着微笑去帮忙，顾客可能反而会觉得：“这样会不会影响到他自己的店？”

通常，独立出去的学员开店的规模要比我们的分店小，营销相对紧凑，每天的营业额也与生活息息相关。因此，他们工作起来都格外努力。而这种时候，往往也能让我们的店长体会到危机感。要是等到营业额下降了再有危机感，就太迟了。

虽说去给人帮忙时，可以学到很多，但这期间自己的店里也要雇用兼职人员，也会产生人工费用。既然这是一个自己可以学到东西的契机，也必然使人产生一种良性的竞争心理，下决心不能输给对方。只有这样，自己独立出去时才能打造出旺店来。

在地方上开店，地域魅力极易被人忽视

北陆新干线开通后，瞬间缩短了金泽到东京的距离。金泽号称“小京都”，保留了许多古城遗迹和历史悠久的街巷，游人众多。可是，金泽的同行们却在开业之初纷纷抱怨说，眼看着餐饮店越来越少，情况实在太糟糕。

说实话，我个人也是这么觉得的。因为，在金泽本地，能以适中价格吃到的地方特色菜并不多。虽说有些高级餐厅里也会卖些当地的海鲜产品，但在那里，顾客的单笔消费要高达 1 万到 2 万日元，普通游客是光顾不起的。反之，到北海道则能找到许多让人完全不必在意价格的美食，比如拉面、火锅等。

其实，我感觉即便是与金泽类似的京都，也同样在美食方面做得不够出色。那里虽能满足大批游客吃饱肚子的需要，却没有什么让人非尝不可的美食。在那里，也只能去些老板本人较有特色的居酒屋里消费。

作为旅游胜地，金泽的吸引力自然不能与京都相提并论。所以更要用美食来吸引游客了。而且我觉得，能打动游客心灵的美食，也不应该是那些高级餐厅里的大菜。

因为有好友在金泽，我一度是那里的常客。从那时起，就有一种食物引起了我的关注——关东煮。金泽的游客多了之后，人气旺的关东煮店通常开门没多久就座无虚席了。有一次，我们连找两家都没能如愿，到第三家才终于找到位置。而周围的店里全都冷冷清清，只有关东煮店里宾客盈门。

只可惜，金泽的关东煮，即便有些别处未曾见过的车麸面筋，但没有什么特别吸引人之处。我觉得，那里的关东煮食材，完全可以加上一些金泽特产的加贺蔬菜，作为宣传。

加贺蔬菜的价格相当便宜，在当地算是一种极为常见的蔬菜了。或许正是因为太过平常，关东煮店里即使用到了，往往也不会在菜单里写上食材名称，比如什么元助萝卜、金泽一本大葱之类的。但这种“平常”在游客眼里却是格外新鲜且富有魅力的。所以我相信，只要在菜单里清楚地写上这些名称，就一定能让游客了解到对他们而言相当陌生的当地生活，并给他们带来惊喜。

还有酒水。比方说，金泽当地以生产金箔著名。那么，可以先提醒顾客“第一杯酒将给您撒上金泽特产的金粉”，然后，再到桌旁当场为顾客完成操作。

说到金泽的特产，从日本海捕捞的海鲜是最有名的。之前，我去过一位熟人在金泽开的居酒屋，他们的菜单里居然没有刺身。我问为什么不写上，他说刺身这种料理是主厨才能做的，居酒屋里上不了。他说因为没办法跟专业厨师做出的刺身媲美，所以居酒屋里没有顾客会点这道菜。

我说，不管顾客会不会点，先写进菜单里，看看会怎样。接着，我去当地人称“金泽厨房”的近江町市场，买回五种鱼来。我在薄木片上写好各种鱼的名称，当天晚上挂在了店里。到了晚上 8 点左右，我给店长打电话，问他刺身卖得怎样了。果然，对方无比惊讶地告诉我，全都卖掉了！

日常生活里用到的食材，正因太过“平常”，往往让人想象不到它能给顾客带来怎样的吸引力。这也不仅限于金泽。在各地开餐饮店，要想取悦游客都不需要什么复杂的大菜。我想，那些当地人日常最常见的食材，才是更吸引人的。

餐饮全世界通用！要敢于到海外开店

近来，有不少年轻的餐饮店经营者选择离开日本，到海外开店试身手。30 年前，在我四十来岁的时候，也曾到加拿大温哥华开过店。年轻人敢想敢做，自然想去完全陌生的地方尝试一下，从完全不同于日本的文化中寻找无限的可能性。正因为年轻，也勇于挑战，敢于做出一些现在看起来相当冲动的决定，并能乐在其中。

当年，我之所以会到国外开店，是**想让员工知道“我们可以在任何地方开出店来”。**本来，我的店全都在东京，所以一开始是想去北海道或者福冈的。温哥华则是偶然去旅行时，被太太看中的。我们既不会英语，也没有当地的朋友。但当时我想，在完全不知道答案的地方开店，或许也是件有意思的事。

我们在温哥华找到的第一间铺面，原本是间面积 20 坪大小的鞋店，楼上都是公寓住户。要签约时，中介要求“你们要装上喷水式灭火装置”，我们同意了。结果，对方居然说，楼上住户全都要装上灭火装置，费用得由我们承担。这个要求让我们大吃一惊，所以就去找别的铺面了。当地法律，还禁止半夜 12

点以后出售酒类。如果过了 12 点，给顾客上的啤酒还留在桌子上，就有可能被取消酒类销售的许可。只因当年那里并没有如今这样的日式餐饮店。因为这些法律和观念上的差异，我们颇吃了一番苦头。

当年我去那里开店时，正值一两百人的大型日式料理店热潮即将过去，当地还没有过居酒屋。而之前那些日式料理店里，一份盐渍生鱿鱼就卖到 5 加元。所以我们店里采用冷冻产品，一份只要 1.5 加元，很快店就旺起来了。

甚至，连一些在加拿大长大的年轻人也纷纷到我们店里来工作。后来，我还是把温哥华的店转让出去了。但我始终认为，那是一段难得的经历。近来，也常有人跟我说准备在海外开个日式餐饮一条街，问我要不要去开店。但这种情况并不能让人体会到多么激动兴奋的感觉。

要说日本人在海外开的那些店里，最吸引我的还是些别有特色的店。像温哥华有家店，模仿连锁店 SUBWAY，卖的都是三明治，食材有萝卜末、可乐饼、照烧鸡肉等，种类十分丰富，可以自己选好了夹在面包里，店的人气相当旺。

餐饮是全世界通用的。比起跑到意大利开家鞋店，日本人到海外开间餐饮店显然要轻松得多。每当看到年轻人愿意走出日本，到海外开店，我都感到非常兴奋。

第 2 章

怎样开店才能使顾客露出笑容来?

——200%提升你的服务能力——

不要被经营指标的数字左右

在餐饮店的经营指标里，有一项数据叫作 FL 比例。F（food）是指食材的费用，L（labor）是指人工的费用，这两项加起来再除以营业额，得出的数字就是这个比例。比例越低的店，利润率越高。

我曾跟一位开店的熟人聊过天。此人非常认真地研究过经营指标，一说起这个 FL 比例如何如何，总会说“我得把数字再降低一些”。可是，并不是说满口经营术语，就能让店里的 FL 比例瞬间降下来的。**开店需要通过每一天的经营，通过设法取悦顾客来维持——这是一切的基础。**

本来，潜心研究那些复杂的经营术语，对我个人而言也是不可能的。每次写店里的企划书或其他资料时，我都只会用年轻人爱用的口语来表达。所以从不会用到 FL 比例这样的专业词语。在我的脑子里，只看得见顾客的样子和员工的样子。而且，不是光在脑子里想象，而是自己亲身感受。能在经营上发挥这一点，才是关键。

有时候，我到前面说的那位熟人开的店里做客时，他会说，

"今天没什么客流，很闲"，"这个月连一向人流量很大的车站前，也降到了上一年的90%呢"。显然，他的想法是，周围的店都没什么客流，自己的店自然也不例外。

可是，周围是周围，跟自己的店毫无关系。或者说，虽然周围都没有客流，唯独你自己的店能达到上一年120%的营业额——这样不是更特别吗？我们不能光看数字，要体会到这种特别——这才是做出旺店的关键。

最近，常有人说站前的客流量比较大，而那些位于以往的繁华地段，离车站稍远一些的店，如今已很难有顾客来了。这不过是借口。在我看来，站前的环境跟20世纪90年代大型连锁居酒屋兴起时没有什么分别。公司里的白领会因为工作顺便到附近店里消费，但并没有哪家店是他们非去不可的。

而我要研究的店，是年轻人没什么本钱也能开出的旺店，是顾客宁可穿过站前的繁华地段也愿意来光顾的店。所以我会想尽办法琢磨怎样做些其他店里没有做过的事，让顾客愿意来到我们店里。

我们店的员工最后都要独立开店的。员工们每天一边想象着自己独立后要开出怎样的店，一边进行经营。因此，可以尽情想象在自己的店里，顾客推开店门走进来那一瞬间的兴奋感。既然要开店，能想象出这样的场面是最起码的条件。否则，不论做出多美味的菜式，在装修上下多大的功夫，都跟那些大型连锁店没有差别。

只要你能想象出顾客的样子，比方说，有位常来的顾客爱吃自家的腌菜，在他走进店里那一瞬间，就可以跟他打声招呼："今天的腌茄子不错，您要不要来点儿？"那么，即使不是法国大餐那些考究的大菜，小小一道腌菜也一样可以抓住顾客的心。

当年，我开咖啡店期间，给老顾客送湿毛巾时，都会把对方常在店里看的报纸一并送过去。既然对方选择了我的店，我就该做些让顾客印象深刻的事情，跟其他店拉开差距。这样的点滴小事积累起来，无疑会为你带来下一次的营业额。

先前，我常带儿子们去一间居酒屋吃饭。那里因为漏雨，会用一块蓝色的单子把漏雨的地方堵住。在那家店里，顾客可以自己在炭火上烧烤大块的鸡肉。尽管那里经常漏雨，但它留给顾客的印象是，每天都能在这里 BBQ！

比研究 FL 比例更重要的，是顾客的笑脸。

坚持打好基础才能开出旺店

有一次，我儿子有幸跟柔道家井上康生谈话。当我儿子问他“为什么您这么厉害?”时，他的回答是，我的训练量达到了别人的两倍。听到这话时，我想餐饮业也是一样的。

我们店里独立出去的学员，既有活泼的，又有认真的、不擅讲话的，总之很多类型。但无论什么样的人都必须学习怎样开出旺店。其中，最关键的就是清扫、问候这些基础部分了。比方说，清扫店前时，务必要把两侧的店前一并清扫干净。顾客进店后，所有员工都要看向顾客的方向，打声招呼。一瞬间接受所有员工的目光洗礼，也能让顾客感受到店家的魄力。

我们公司把一间店全盘交给了店长负责，做法或许有些单调，营业额却异常地好。后来，开店长例会时，我问他是怎样提供服务的。他说，要上配六片面包的土豆炖牛肉时，如果顾客有三位，一开始就只上三片面包。等这三片吃完了，再追加上去。这样的服务方式，能让顾客特别满意。而这种人人可以立刻效仿的服务技能，是无比重要的。

我们有一名已独立的学员在离职前说过，直到前两天他才意识到，之前自己只不过是机械地做了上司吩咐的事。比方说，有些菜品要切成 4 块端上去，他当时只是照做。后来才意识到，原来是因为顾客有四位，所以才切成 4 块的。这些都是餐饮店里最最基础的服务。想必他为了独立开店，才开始认真思考怎样能取悦顾客，最终想明白了这些道理吧。

我们在琢磨顾客究竟喜欢怎样的服务时，可以模拟一下服务的场景。设想一下别人怎样服务，更能让自己满意。

比方说，你的筷子掉到地板上了，要重新换双筷子。这时，吧台的员工和大厅的员工同时把筷子递过来，跟你说“您选双自己喜欢的吧”。再比方说，看到连续喝了很多杯茶水的顾客快喝完了，赶紧准备好下一杯，等顾客一举手，就马上送过去，再说声“这一杯，您忘啦”，这样顾客一定会很满意吧。

我带员工们去那些旺店里考察时，有些年轻人总会不以为然地说，“他们这里的摆盘也没什么出奇的嘛”。于是，我问：“那为什么这里会这么旺呢？”他们往往会说，“就是很奇怪啊”。

然而，站在顾客的视角上仔细观察，一定能找到旺店之所以旺的理由。比方说，他们的摆盘方式虽然看似平淡无奇，但菜肴装得像小山一般，几乎要从盘子里溢出来。倒日本酒时，酒水也几乎要从杯子里溢出来，诸如此类。这种“溢出来”的方式，永远是让顾客最满意的上菜方式。

年轻人，往往不愿意做那些人人都在做的事。然而，要做到顾客满意才是把店做旺的基础。我们不应对此生厌，而应做到极致。

开店最不该说的就是“您要点儿什么？”

我女儿有段时间在服装店里打工。在她推销衣服时，哪怕极力劝说顾客“这件衣服跟你绝配！”，顾客也未必肯买回去。

原本，进店的顾客就不是人人都要消费的。这样想来，我们餐饮业要算得上得天独厚了。因为，只要进店的顾客就绝对会消费，大家就是为了吃喝才走进店里来的。所以餐饮店里居然卖不掉东西，这种事对我来讲实在费解。

之前有家店，我给他们提出过许多建议。那家店里，居然把关东煮盖上了盖子。我问为什么，他们说因为卖得不好，不能预备太多，又担心看起来不体面，才盖上的。我打开盖子看了看，果然锅里空空如也，几乎看不到几块关东煮。

是不是太奇怪了？关东煮本应是一样最棒的开店利器：热气腾腾的炖锅里放满食材，顾客坐在座位上就能看得见，也容易勾起食欲。可是，一旦盖上盖子，顾客看不见里面的食材，就等于主动放弃了营销的机会。真要是准备不了太多的食材，完全可以在锅底铺上一层石头。这样一来，即便里面东西不多，看起来也是满满的一锅，足以吸引到顾客。

要是你真想卖掉自己的酒菜，除了把普通的菜单摆在餐桌上，还可以放一张关东煮专用的菜单在旁边：上面列出关东煮的所有种类，每样150日元，顾客可以在上面写上要点的数量。菜单结尾，还可以加个拼盘。这样，绝对比什么努力都不做来得好。

我们公司里，有家分店就曾在餐桌上卷起来的招牌菜单旁放上了关东煮专用的菜单。结果，一个晚上就卖出了20份煮萝卜。而且，顾客点了一份关东煮后，还会意犹未尽地点个拼盘。我想所谓营销，就是这样一回事吧。

刚才说到的那家分店在给顾客送湿毛巾时，也必会向顾客推荐关东煮。本来，顾客就希望店里的人为自己推荐菜品。我们店里有一名19岁的打工女孩，她在把湿毛巾递给顾客时，一定会把应季的食材推荐给顾客，比如“今天的鱿鱼特别新鲜!”据说，只要这样推荐，顾客百分之百都会点。递上湿毛巾的时候，自然而然也是跟顾客开口的最佳时机。不加以利用，就太可惜了。要是等顾客盯了一会儿菜单再开口推荐，效果显然就会差很多。

只要向顾客推荐些当天最美味的酒菜就行了。像居酒屋常见菜式——刺身，就完全没必要备齐所有种类。有些人可能觉得，顾客的选择越多越好推销。因此，非要让菜单看起来样样齐全。可惜，这样也未必能卖得好。既然如此，还不如干脆主推当天最美味的酒菜。不妨试试向顾客这样推荐:“今天的鲕鱼特鲜。您一定得尝尝!”顾客听了,会乐意听从的。

至于寿司店,也同样,千万不要说什么“您要点儿什么?”。做老板的,不妨主动说一句:“今天的鲜贝非常美味!”这样的说法,更能赢得顾客的好感。

做餐饮行业的,居然会问进店的顾客“您今天要点儿什么?”——这对我而言,实在难以置信。因为,一间店里有绝对拿得出手的菜品才行。

我们公司有间分店的店长年纪很轻,在卖烧卖时,他都是等顾客下了单,才告诉厨房开蒸。这样的做法,同样难以置信。这款点心代表了店家的形象,务必要提前蒸好,等顾客坐下来,就啪地揭开蒸笼盖,主动问对方:“您要来几个?”这样不管预备了多少,都能一下子卖光。在横滨中华街那里,人们之所以会纷纷购买烧卖,就是因为烧卖时时刻刻都在热气腾腾的大蒸笼里蒸着,看上去十分诱人。要是跟顾客说什么“等蒸好要十分钟”,恐怕没人会去买了吧。

不管你开什么店,都绝不能跟顾客说:“您要点儿什么?”八成顾客都是在店家的推荐下才消费的。——这就是我的观点。

人人都能想到一些抓住顾客心理的点子

“为什么非得记住这些花名不可呢?”在一家我担任顾问的居酒屋里，有一次，当我提出店里的鲜花可以更充分地利用时，所有人都一脸茫然地看着我。

那家店会定期请花店送来十分养眼的鲜花，并帮忙插好。不过，仅是放在那里而已。几家分店都有送花服务，每个月的花费也高达数万日元，却没有加以充分利用。**餐饮店里，并不只是食物才能向顾客起到宣传作用的。店内所有元素都要利用起来。**

这家店位于城下町，那里绚烂的插花文化由来已久。每次花店来送花时，店员都会把鲜花美美地插在容器里。但当我问那些店里的年轻员工这是什么花时，居然没有人知道。这实在太可惜了。于是，我建议他们，既然如此，干脆在鲜花旁放上一块小黑板，上面写上“今日的鲜花为洋桔梗”，还可以加上一句花语。这样，更能让顾客在看到时心情愉悦。

只要记住了花名，顾客进来时就可以自然地与他们开口搭话了。“门口的鲜花很漂亮吧?那种蓝色的花，您知道叫什么花吗？”还可以利用两三种鲜花，跟顾客玩个游戏：顾客全部猜对了，就免费请他喝一杯。

从这家店所在的街道中心区稍稍驱车一段路程，就是遍布酒窖的地段。那里有着适合酿酒的水源，十分出名。于是，我建议他们从那里取水回来，端到顾客桌上，用作顾客饮酒时要兑的水。我建议他们把水倒进酒桶里，用木勺把水舀入酒杯，再注入一种名为唐培里侬的高级香槟酒瓶里。这样的上酒方式，能让顾客感到既意外又好玩。

这样的小点子，即便不能马上为你带来营业额，也可以让顾客感觉到，“这家店连细节都做得这么棒”。哪怕五个人里，甚至十个人里，只有一个人被这个举动吸引，他也会成为你店里的粉丝。这样做，绝对强过什么也不做。**把这样的点点滴滴一点一点传递到顾客的心里，会使你的店一天天旺起来。**

以前我看过一档电视节目，内容是一名搞笑艺人带游客参观酒窖。那名当红的艺人为了做好这次导游，研究了很多东西，还特意制作了剧本。开始导游时，他一边向顾客问好，一边说了句“感谢大家今天专程赶来，就为了喝个免费的酒！”，这句话一下子就把大家逗笑了。

“赶到酒窖来，就为了喝个免费的酒”，这句话巧妙地捕捉到了对方隐藏的心理，成功地把大家逗笑。能使顾客露出笑容来的，并不是多么复杂的段子，而是这样一些简单的对话。我们居酒屋行业虽做不到像专业艺人那样，但这样的对话是我们绝对需要的。

我在外地的居酒屋里，曾听到一位从东京来的熟客这样问："现在，哪家店最好玩?"这句话让我再一次体会到，在我们居酒屋行业里，相较于"最美味"，"最好玩""最快乐"才是顾客想要的。当然，高级餐厅就另当别论了。

要想把你的店做得好玩，不需要像专业搞笑艺人那样，也完全不需要想得太过复杂。**服务也好，上菜也罢，首先必须能让自己露出笑容来。一开始，你可以琢磨一下，能让自己觉得好玩的服务和菜品都是什么。只不过，接下来一定要让顾客也同样露出笑脸来。**

我常带女儿去一家寿司店里吃饭。因为女儿爱喝龙舌兰酒，于是她问店里："有龙舌兰酒吗?"结果，店里的员工马上跑去买了回来。自那以后，只要我女儿一进店，店员就会说："啊！有甜品！甜品！"接着，就会把龙舌兰酒拿出来。这样的做法，显然会使顾客格外惊喜。

如今，那里虽是家寿司店，但不论何时去，都能看到很多顾客在喝龙舌兰酒。店主的推荐方式也让人十分享受。一杯几百日元，两杯、三杯就是1000日元、2000日元。顾客的单笔消费就这样积累上去了。这样喝着酒，享受着快乐，顾客也不会觉得有多贵。

不是所有的点子都能成功的。但我们可以把自己认为好玩的点子一个个试试看。失败了，就撤掉。总会有成功让顾客露出笑脸的时候，我们要不断积累这样的成功经验。

话说回来，即便是非常走红的搞笑艺人，他们的漫才（日本的对口相声）或小品一开始也不一定好笑。所以他们才会研究无数段子，一边经历着失败，一边寻找能抓住顾客心理的搞笑包袱。

走红的艺人往往都有无数的生活积累。就算我们不是艺人，每天走在外面，看到周围，也一样能留意到许多有趣的事，或者通过看书，可以积累很多小的灵感。这些灵感或许不能马上运用到工作当中，但只要有些小小的契机，就可能形成极为有趣的点子。

餐饮店里要有向顾客施展魔法的“舞台”

我们店一向坚持的理念是，要让顾客从进门那一刻起，就清楚地看见年轻的店员们在吧台里忙前忙后。能让年轻员工在吧台这个“舞台”上看起来光芒四射，是非常重要的。

顾客一打开你的店门，就能看见舞台上的店员。员工们再忙碌，也要举起手来打声招呼“欢迎光临”。这种在舞台上忙碌的姿态，也能让顾客充分感受到这间店里的热情。单凭这一点，就能把顾客吸引到你的世界里来。

通常，日式旅馆里的老板娘在顾客到来时，一定要亲自走到地板擦得光亮的门口迎接。民宿里的老板娘，也一样会充满热情地向顾客表示“欢迎光临”。唯有这样，才能让顾客相信自己的选择没错。我们的做法与之同理。

有位经常为我们设计店铺的朋友，一起喝酒时，曾给我讲过这样一个故事。他在澳大利亚悉尼时，去过一家非常特别的酒吧。到那里要走进一条小小的巷子，再拐上好几个弯，才能看见一扇大大的铁门。门前站着个老爷爷，是店里的引导员。当他把门吱呀一声打开时，里面的世界竟与外面古朴的形象截然不同。我们也可以做出这样的店来，但在餐饮店里，我们需要一种“舞台装置”和“魔法”。

通常，在那些大型连锁店里，从怎样应对顾客，到鞠躬的角度如何，都是规定好的。然而，那样的做法，并不足以把顾客吸引到店里来。

有一次，我受邀到高级餐馆菊乃井。我很想利用这次难得的机会学习一下，于是认真地观察店里的情形。最让我钦佩的一点是，他们的厨师一定会站到顾客面前，亲自把菜品送上。这样的做法，能让人感受到他是把整个为顾客服务的心都呈上来了。这样的态度，正是我们居酒屋需要学习的。

我们就要这样全心全意地为顾客提供服务。不过，一旦店里忙碌起来，就难免会忽略这些细节。例如说，寒冬时节里有顾客到来时，除了一句“欢迎到来”，大可以自然地加上一句“感谢您在这么冷的天气，特意光临本店”。但有一部分天天人满为患的店家，很可能忽略这样的问候。其实，只要加上这么简单的一两句，时间也不过多花两三秒，就能让顾客的心暖起来。我想，店里的年轻人也都是愿意真心向顾客打招呼的。如果加上这两三秒，服务就可以做到更好，那么你就应该做。

有诱人的刺身，有美味的关东煮，这样的店才能成为顾客一眼就看懂的“舞台”，这是很重要的一点。在高级寿司店里，厨师穿着一身洁白利落的工作服，从木箱里取出食材来，这样一个小小的举动就能让人充满期待，“太专业了！味道也一定相当棒”。居酒屋也一样，重要的是营造出使食物看起来格外诱人的舞台。

我们公司有间分店在重装后，营业额取得了相当大的增长。他们把硕大的关东煮锅摆在了吧台上，顾客一走进来就知道这里的主打是什么了。因此重装后，关东煮和日本酒的销量都达到了之前的 3 倍。我们的店并不是什么专卖店，只是无所不包的居酒屋。但哪些才是店里的主打，一定要让每个人都能一眼看到。这样才可以一下子吸引到顾客。

姓名牌可以营造出人与人之间的交流

我曾经到东京的滨松町看过一个铺面。尽管那间铺面所在的大楼是新建的，房租却极其低廉。对方问我们，要不要在那里开店。于是，晚上 7 点左右，我到附近转了一下。结果发现，不知是否因时间太早，周围意大利餐厅等还没有什么顾客，但居酒屋的上座率基本上都有六七成了。在这条街公司上班的白领极多，看起来相当适合开居酒屋。

但这种街上的顾客多以西装革履的男性为主，女性白领则是很少三两成群到公司附近喝酒的。她们往往要特意走些远路，到那些碰不到公司同事的店里去消费。尽管那个铺面看上去的确诱人，但我们店里的理念自始至终都是向女性做宣传，做年轻人喜欢的店。所以我担心，店里的学员不一定愿意在那里工作。

滨松町也好，新桥也罢，那一带下班路上想顺便来喝一杯的人不少，要想把店做旺并不难。只要低价卖些摆盘相对漂亮的刺身，符合附近白领的消费预算就行了。开出一间这样的店来，营业额应该也能不错。但如果这样，顾客的单笔消费降低、翻台率提高，难免会变成一晚上需要应付好几轮顾客的店了。我想，这一点恐怕我们的学员做不到。

只因我的理念是，我们的店一直重视与顾客的交往，人与人之间的交流。我考虑的，并不是如何应付顾客，而是如何使顾客享受，使我们自己享受。开店作为我们的生计，唯有不断坚持下去，才能让我们更享受人生。

为了让顾客知道店里员工的名字，我们会让员工在胸前挂上姓名牌。这块牌子在告诉顾客，它并不是一个代表“店员”的符号，而是个人与顾客打交道的工具。对顾客而言，这种服务方式，要比不知名的甲乙丙丁为自己服务更让人温暖。

天底下最强大的居酒屋，不外乎这种老板们私人开的居酒屋。虽然店里菜式简单，只有些刺身、关东煮、烤鱼，但顾客们也会一边享受着与店主交流，一边尽情地畅饮。

电视上播出过一家很火爆的店，店里的老板娘制作的炖菜十分出名。在她的店里，最后一道主食是用炖菜汤煮面，收尾时再撒上一点辣油。同样的东西，连锁店也做得出来，但它与这家店里使用多年的炖锅、陈旧却亮洁如新的吧台，以及老板娘从吧台后亲手端上的那道美食，不能相提并论。因为，即使顾客看到那些印刷精美的菜单上写着这道菜，也未必主动去点。而当老板娘热情地问上一句“炖汤里下面条特别美味哟！您要不要最后来上一碗？”时，我想没有几个人会拒绝。

我们也是一样。研究菜品时，我会考虑怎样才能赢过这种老板娘的旺店。因为，我们的学员在独立开店时，不可能像老店一样自带熟客，也做不出有年头的老店味道。

因此，我研究出一种极易与顾客之间建立联系的酒水——“好奇怪的玫红”：把分别装着白葡萄酒和红葡萄酒的瓶子拎到座位上，在顾客面前把两种酒混合起来。白葡萄酒就会在顾客眼前渐渐变成粉红，“白的跟红的，您要什么比例？”“多少才好喝呢？”“七三开最好喝了”等，就可以自然而然地与顾客聊上几句了。倒葡萄酒的杯子，还是用玻璃杯，这样才符合居酒屋的特点。

刚开始时，有个学员居然在后院把红白两种葡萄酒混进瓶里，提前做好了这款“玫红”。但这样一来，这款酒水就失去了意义。**美食的什么部分让顾客觉得好玩，怎样才能让顾客乐在其中，对这些场面拥有想象力才是关键。**

顺带说一句，在人气社交平台 Instagram 上，有很多顾客推荐我们店几十年前就开始提供的一道名菜“炙烤鲭鱼”，而且是视频推荐。这道菜是用喷火枪炙烤出的鲭鱼。炙烤后，鱼身上的叶子就会燃烧起来，噼噼啪啪地发出响声，很有现场感。这道菜的制作过程能让顾客开心无比，也能瞬间拉近与店员之间的距离。包括我们店里出去的老学员，依然在很多店里制作这道菜式。这也使我深深感到，真正受到顾客喜爱的菜式，是不会变的。

近来，我们有一名独立出去的学员开店数量在不断增加，甚至还跑到海外去开店，很让人钦佩。在他手下，有个员工为了照顾父母要回老家，这名学员干脆在员工的老家开店，让员工在照顾父母的同时，也能经营店铺。这样的做法，实在太令人赞叹了。我能感到，他与员工之间的情谊也是异常深厚。

我认为，我们开店，不过是一项享受人生的生计。所以即使是没有能力开太多店铺的学员，也完全可以过上富足的生活。最开始只要开间10坪左右的小店，然后再开间15坪的店，增加一下营业额，再把两间店同时做旺。不管到了多大年纪，当你站在店里，依然受到顾客的爱戴，人人都说“那个老板真有趣”，你就能体会到极度幸福的人生了——餐饮行业的理想，莫过于此吧。

不懂日语的外国员工也有独特的服务能力

近些年来，不论是在便利店里，还是在餐饮店的大堂中，都能看见许多外国员工忙前忙后，这样的情况早已不足为奇了。这些外国人往往都能操着一口流利的日语，为顾客服务。不过，我认为，既然是餐饮店，负责服务的员工就没有必要一定懂日语了。

我们的兼职员工，经常有韩国、中国台湾、斯里兰卡等国家和地区的年轻人来应聘。环顾周围，许多店让那些语言不通的外国兼职员工做些洗盘子之类的后厨工作。我想，这就大错特错了，实在太可惜。

因为，语言不通正是这些员工的特色。因此，**他们并不需要跟日本员工一样懂得日语。**

向顾客提供服务时，员工只要懂得一些能发挥自己个性的日语就够了，并不需要非教给他们什么服务专用的日语。仅因为他们是外国人，就足以勾得起顾客的兴趣。

提供服务时，不妨让他们用斯里兰卡语讲一句“欢迎光临”。再告诉顾客，这句话在斯里兰卡是“欢迎光临”的意思。

这样，顾客就会感兴趣了。学员也可以把刚学到的日语说给顾客听，“这句话是我今天刚学会的”，这样就能与顾客形成良好的沟通。哪怕学员是日本人，也有很多人不知道跟顾客讲什么，外国人反而不用担心这个问题了。

通常，外国学员因为不懂日语，第一次站在大堂中时表情都是不自然的。过三天后，表情会更加不自然。因为他们希望像日本人一样提供服务，才会如此紧张。所以不妨提前让顾客知道这个事实。

我们的员工胸前都挂着姓名牌，可以让顾客一眼看清自己的姓名。只要在外国员工的姓名牌上，加上一句“我是斯里兰卡来的，今天是入职第一天”，就可以达到目的了。

然后，还可以让他们说点自己刚学到的词，比如，指着菜单里的茄子说，“今天我学到了‘茄子’这个词”。要是顾客问：“好吃吗?”正好就可以回答“好吃”了。这样一来二去，顾客说不定乐意点上一份。当然了，这可不是那些标准化的流程，而是一段自然而然发生的对话。

要是菜单里有金枪鱼，说不定顾客会反过来问学员：“斯里兰卡语里金枪鱼怎么说?”像这种程度的对话，即便日语不够好也足以应付了。接着，等过两三个月顾客再来店里时，这名兼职的学员应当已经记住很多日语了，说不定能受到顾客的夸奖，“都学会这么多日语了”。因为，这名学员连复杂的菜名都能流利地报出来了。

当初，我在加拿大温哥华开店时，日本国内店里的学员们也常到加拿大的店里培训。虽然他们不懂英语，但很受当地的顾客喜爱。有一名已独立出去，开了间超旺店的学员，当初一句英语也不会讲。他回到日本很长时间后，还有当地的顾客问起:“那个小伙子现在怎样了?”

即使员工不懂当地的语言，不会讲标准的服务用语，只要使用自己的语言跟顾客交流，一样可以十分自然地做到使顾客满意。

韩国人也好，斯里兰卡人也好，每个国家的学员都有自己的特色。只要店里的外国员工足够真诚和热情，就能吸引到顾客。他们身上有着我们没有的魅力，如何将之发挥出来才是最重要的。

还有个这样的事例。

我之前出版过两本书，在韩国和中国分别出了翻译版本。有对韩国夫妇看过我的书后，很想见我一面，因此特意坐飞机从韩国赶来。男的说，他们想在韩国开间居酒屋，想在我们店里积累经验。我问他为什么到我这儿来，他说韩国没有服务做得特别好的店，他们既想学习居酒屋里的菜式，又想学习这里的服务。他还说，在韩国，找不到像我们店里员工这样笑着服务的店。

在他说这句话时，脸上是完全看不到笑容的。于是，我说："你笑一笑！"他说了声："呀！"看起来很难为情的样子。因为男的跟我说话时，是通过懂日语的太太翻译的，一直没有看我的眼睛。十分钟过去了，我说，我们重新来一遍吧，你可以用韩国话，看着我的眼睛说一句"很高兴见到你"。他这才看着我的眼睛，用韩语说了句"很高兴见到你"，我也用日语回答说"感谢您的光临"。这样，我才第一次感觉到自己在跟他对话。

即使语言不通，说话的时候也一定要看着对方的眼睛。光跟顾客说句"欢迎光临"，视线不对准顾客，是表达不出欢迎的心意的。这看似无所谓的小事，却是服务行业的基础。

没有客流时，也能发挥大威力

每天开店，必然会有没什么客流的时候。但你的店里一定要有种魔力，能让这种时候进店的顾客感到奇怪："为什么这么棒的店，居然没有顾客呢？"要是别人进你的店里时，感觉"这样的店，没有顾客太正常了"，那就糟了。

有时候，我们从店门口向里面张望一下，会发现没有顾客时，常有员工坐在吧台上。电视上也常见到这样的一幕。而这样的情形，是不会吸引顾客进来的。

我们一定要在顾客伸头向店里张望的一瞬间，用视线吸引顾客进来。这种时候，如果你的脸上表情生动，即使店里空空荡荡，顾客也容易被吸引。因此，一有顾客张望，就必须马上抓住机会。

我们有一名已独立出去的学员，他们店里一看到有张望的顾客，员工就会小跑出店外，微笑着招呼对方："可以进来！"这样，哪怕不是每个人都愿意进店，最起码也有一两个愿意的吧。只有这样，才能让你的店里热闹起来，进而自然而然地吸引下一批顾客。

我们公司有间分店，他们对门的餐饮店总是不把门口清扫干净。有一天，店里的学员们说，干脆我们把那里打扫干净吧。于是，学员在他们的店门前洒了水，准备扫除。

但光用水管喷水并不好玩，于是又买来可爱的水桶和舀子，以一种颇时尚的方式洒上了水。那些年轻人还说，以后没顾客来的时候，干脆就去洒水吧。这样一来，更能让顾客感觉到自家店的特别，是个良好的契机。所以说，没有客流的时候，一样可以发挥威力。

有家我常去的店，门口每天都会写着“吧台还余 4 个空位”之类的。他们把店里的空位情况贴在店门口，充分发挥了空位的威力。从这家店到车站要走足足十分钟，但因为他们付出了这些努力，尽管周围没有客流，这家店里也永远爆满。

哪怕再没有客流，也绝不能说什么“没有顾客来”。比方说，你的店里一直没有客流，直到晚上过了九点才有顾客进来。这时要是听到你说“呀！之前都没有顾客哪”，那绝对会让顾客感觉自己的选择是错的。这种时候，不如来一句“店里才刚刚空下来哟”，这样顾客才会放心地坐下。只要能让进店的顾客充分享受到快乐，这种程度的谎言是可以接受的。

所谓开店，是要坚持几十年的。即使今天没能做到宾客盈门，也可以通过每天不断的努力，把顾客一个个吸引进来，这才是正确的开店方式。假如你是刚开店，没有客流根本不是问题。反过来，在最开始没有什么客流的时候，怎样能让为数不多的顾客享受你的服务，成为你店里的粉丝，才是决定成败的关键。

居酒屋行业“菜品升级”的意义

我儿子曾经参加过一间人气旺店举办的讲习会，会上店家向参加者介绍了他们的服务理念。儿子说，他们的理念居然跟我们如此相似，不但在口味上做到了极致，还在服务方面进行了深入的思考。这一点让我在感动之余，不禁有些恐惧。

那些精于厨艺的餐厅大厨居然不只会关注后厨里的操作环节，还考虑起一向只有居酒屋行业才擅长的服务环节。说起开居酒屋，似乎只要花 100 日元从蔬果店里买回一只番茄，切一切，摆个盘，端上桌，就变成一份卖价 300 日元的“冰镇番茄”了。这样的开店方式虽然看似轻松，但今后要想切一切就把番茄端上桌，恐怕很难了，还需要在其他方面下不少功夫：考虑食品安全问题，务必对食材产地精挑细选；受到消费税影响，要想提高菜品价格越来越难。因此，必须研究如何将菜品不断升级。

说到这里，可能有人会觉得，这不是跟你之前说过的“不需要什么讲究的菜品”前后矛盾吗？事实并非如此。虽说是菜品升级，但并不需要像餐厅大厨一样制作多么复杂的大菜。一说到菜品升级，年轻人往往会提出，可以上些小资风格的芝士拼盘什么的。但我们店里的年轻人并不是什么了解芝士的专业人士，也未必清楚“法式软干酪和法式布里干酪（二者极其相似）的区别”。像我们居酒屋，如果要上一道芝士拼盘，不妨在奶油芝士里加些味噌、芥末、佃煮海苔、梅干等传统美味，再端给顾客——关键是，要能琢磨出这种既简单又有情趣的菜品来。

只要多付出百分之二十的努力，就能做出更美味的菜品——这就是我们居酒屋行业应有的菜品升级。完全没有必要研究什么新奇的东西。实际上，在我们公司各分店里，只要店长想上什么菜，就能上什么菜，做法相当随意。年轻人往往容易被新奇的事物吸引住视线，渐渐不再愿意制作那些老式招牌菜。即使想复原，也做不出当年的味道了。比方说，咕咾肉里的洋葱、青椒都可能做得太过软烂，不像当年那么爽脆了。

为此，我常激励学员们说，真正的主打招牌菜，店里的人全都必须学精。仅通过这点努力，效果也会完全不同。

之前，有一期电视专辑节目，讲的是几家街区书店如何生存下来的故事。这期节目里提到，以往那类综合型书店已不再受宠，专注于美食、旅游等领域的街区书店却吸引了众多读者。甚至，有些地方书店还搜集了很多关于生活方式的书籍，总之做法相当聪明。

走进那些专项书店里，店员对摆在店里的每一本书都非常了解。我想，这一点与我们居酒屋行业有着异曲同工之处。

我们也必须清楚要给顾客端上的每一样食材。能向对方介绍出“这种味噌是酒曲铺子做的味噌，口味很甜!”才能起到良好的宣传效果。或者，给普普通通的豆腐淋上几滴芝麻油，再来一句:“这可是京都百年老字号制作的芝麻油，口味特别清爽!”这样说，必能提高菜品的美味程度——这也是一种提升菜品级别的手法。

这样的对话虽看似简单，那些大型居酒屋却无法实现。只有像我们这种居酒屋小店，才可以通过这样的服务增添“调味”，提升我们的美食能力。

为什么女性顾客云集的店能旺起来

基本上，我们公司每间分店里的女性顾客都不少。不过，我也在涩谷开过一间小酌类的分店，结果七成顾客都是男的。那间店里给顾客上的都是小杯酒和鲜鱼刺身，每天开门没多久就几乎能坐满，这样的经营状况着实可喜。然而，一旦做久了这种只有男性顾客光顾的店，菜式就会渐渐向男性顾客倾斜，员工很可能慢慢搞不清女性顾客喜欢什么了。

可是，当我们的学员独立开店时，只有以女性顾客为主要目标，才容易把店做旺。**因为，女性顾客通常进店时间比较早。所以晚上八九点前就能小有进账，店里的翻台率也能跟着提高。再加上，有顾客早些进店，也能早些营造出热闹的气氛来。**最终，男性顾客也会愿意走进这样的店里来消费。

此外，对于居酒屋里的那些常见菜，男性顾客和女性顾客的喜好也大不一样。

例如说，冰镇豆腐这道菜。男性顾客嘛，自然按传统的上菜方式就可以了。而女性顾客呢，不妨把豆腐摆在浅一些的方碟里，趁着晚上八点前后大堂里顾客不太多的时候特价销售：

“一小份只要100日元！”这样，会比端上一份普普通通的冰镇豆腐更让人感到有趣和开心。

还可以把店里的照明调暗，故意让顾客看不清菜单。等顾客抱怨说“看不清”时，就啪地一下打开从百元店买回来的手电筒——女性顾客最爱这样的套路了。

长时间在全是男性顾客的店里工作，就会对女性的喜好渐渐模糊起来。我们一定要能想象出女性顾客的样子来。所以我更愿意开出一间受女性顾客青睐的店。

比起年底的集中促销更应琢磨日常“营销”

每年一到深秋时节，餐饮业就要大张旗鼓地开始促销，争取客户的忘年会订单。可是，我个人绝不会针对忘年会做什么特别的促销。这是因为，自己一年四季都要营业，每个月份都得踏踏实实地开门做生意。如果只把精力放在年底的晚会营销上，过完年岂不是就要等着门庭冷落了？

比起研究某个特殊时期需要做什么，更重要的是日常认真琢磨如何“营销”。平日里就擅长“营销”的店家，到了旺季想必会更加门庭若市的。

其实，只要做一点小举动，就能带给顾客极大的惊喜。比方说，不妨给点了某样日本酒的顾客送上一杯一口可以喝完的酒，再拿出另外一种日本酒来，向他推荐“还有这种酒呢!”，送上用蔬菜边角腌渍而成的小菜也不错。还可以直呼顾客的名字，问一句：“山田先生，我们自己腌了点小菜，您要不要尝尝？”

遇到这种站在顾客立场上，极力赢得顾客欢心的店家，一旦顾客自己组织晚会之类的活动，就很容易想起你的店了。这

样，你自然也就做到了晚会促销。

即使你给那些在自己店里下晚会订单的顾客主动提供赠品或是折扣，也不过是一时的。而比这更重要的，是日常每一天都能提供优质的服务，这样既简单又不多花成本。而且，还能让你的店真正吸引住顾客。

也有人确实想研究日常每一天如何“营销”，却不知道该怎样做。原本，店家菜单上所列的美食都是为了吸引顾客，从成百上千道美食中精挑细选出来的。这些菜式也不是用一两天时间研究出来的，而是依靠老板自己在餐饮领域多年打拼积累下来的经验，在无数次苦心思索后做出的选择。既然这样，还卖不掉，就匪夷所思了。

只要你充满自信地向顾客推荐，想必顾客也会愿意尝尝的。我们走进那些旺店里看看，当他们在推销主打菜式时，态度是完全不一样的。

不过，有一点不能搞错，自己拿手的菜式，不要列在普通的菜单里，那样是不可能卖掉的。**既然这些菜式是为了赢得顾客欢心拼命研究出来的，就务必尽力向顾客宣传“您再也找不到这么好吃的菜了”才行。**还应该把调味品一并端上去，提醒顾客：“配上这个一起吃，味道特别棒！”

我们有一名独立出去的学员，他开的店里以涮猪肉为主打。他们在给顾客上菜的时候，总是会说一句：“您先尝尝这个！”

脸上的表情一看就充满了自信，营销也异常积极。

上菜的时候能主动说一句“您一定得尝尝这个!”可以让顾客感受到店家的自信。听到这句话，顾客也愿意主动点，吃过了也愿意夸一句“真棒”——所谓的“营销”，不过就是这么一回事吧。

重要的是，要定好你的目标：选定的主打菜式一晚上究竟要卖掉多少？比方说，今天我一定要卖掉十份。因为不从一开始就确定目标并努力达成的话，就不会反思自己“为什么没能卖掉这么多”。而思考这个“为什么”，是非常重要的。

一旦确定了目标且达成了目标，连兼职员工都会感受到“把商品卖出去的成就感”。因此，即使开不出口味最棒的店，也能开出所有店员都乐意在这里工作、享受在这里工作的店。而一间员工全都能感受到快乐的店，也会把这份快乐传递给顾客。

第 3 章

人人都有开店的潜力！

——怎样培养能发挥出实力的人——

你的店有足够的魅力就能吸引顾客

眼下劳动力奇缺，多数行业都面临人手不足的问题。但人手短缺的问题早就存在了。只要经济不景气，这一问题就会反复出现。曾经有家大型餐饮连锁集团暂时关闭了一部分人手不足的分店，消息引起了热议。我觉得这显然说明餐饮业在门店数量上越来越走向极端。并非人手不够，问题的根源不在于此。

只要店家有足够的魅力，就会有人对这里感兴趣，而主动要求到这里工作，人才本来就是这样被吸引来的。像我们店里的员工，基本上都是听朋友说起有间名字叫“乐”的店很好玩，才主动跑来求职的。

这些年轻人听说我们店以后，通常会先来这里消费。接着，当他们感觉“这家店里真是能量满满啊！”才会提出想到我们这里来工作。有时，他们本来喜欢上的是独立的老学员开的店，但因为那些店里暂时不需要招人，老学员就会说“给你介绍一家我以前工作过的店”。就这样，那些人才来到我这里。还有许多兼职员工当初虽然嚷着要自己开店，后来还是做了白领。

如果你只是在招聘网站上发一下广告，面试时介绍一下公司的劳动时间、休假制度和劳动条件，那么，只要那些求职者去下一家面试时别人给出的条件更好，他们就会毫不犹豫地离开。**相比劳动条件，这个年轻人能在你的店里获得多大的成长，可以看见多有意义的未来——更应让他看到这样的部分。**即使你的店里条件不如别人，也必须让对方看到你的店“有何不同之处”。

年轻的时候，我还比较能喝酒。那时常常带着前来面试的年轻人一起，连喝上两三家。我还会把他们带到自己的店里，让他们看看我们店的年轻人有多积极、多能干。要是来面试的是个男孩子，说自己有女朋友，我就会说：“下次把你女朋友也带来玩。要是你女朋友说这里不错，你再来试试。”接着，我还会把背面写着“可凭此免费吃喝”的名片送给对方。

因为我觉得，假如对方只是随随便便选中我们店，并没有多大意义。

你的店吸引不到顾客，想必就是因为魅力不足。像我们店，开的时间久了，有时也会被人抱怨说“不如从前了”。于是，一线员工们又会奋起直追，努力使经营状况复苏。这样，又能重新吸引到顾客，也必然能形成良性循环。

有一次，我曾经在自家旗舰店所在的下北泽车站贴过多张长、宽均超过一米的海报，上面是我们的广告语：“是男人，就要做个一国一城之主！”我之所以要制作这张超大的海报，与其说是为了吸引顾客，还不如说是想让外界知道有这样一间有意思的店。显然，一间小小的居酒屋真要招人手，并不需要这么夸张的海报。

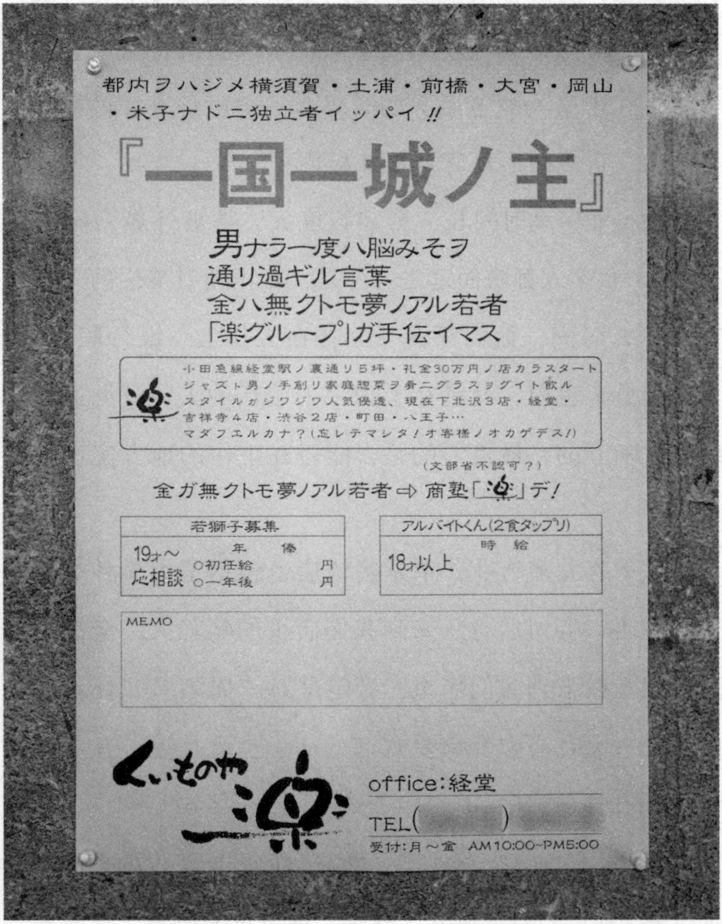

图为在下北泽车站贴出的海报“是男人，就要做个一国一城之主！”如今，店内依然贴着缩小版的图片

之前，还有一名已独立的老学员在自己店里贴上了印有本人照片的大型海报。那张海报充分显示了他开这间店的初衷，以及当初他怀着怎样的梦想。这一举动让我觉得十分特别，于是店长例会时特地请他谈了谈想法，结果他讲得生动感人。我想，当他在店里为顾客服务的时候，一定也是这样做的吧。像这样的店，自然用不着费力去招人了。

餐饮行业劳动时间长，劳动强度大，常被外界诟病为“黑心行业”，很多人都敬而远之。可是，真正拥有梦想的人根本不会在乎什么时间，他们只会一心扑在工作上。银行职员也好，贸易公司员工也罢，凡是在上司手下干活的人，没见过几个能按时朝九晚五的。最重要的是，能否在工作的地方实现自己的梦想。

天底下有太多行业，单是餐饮店也包括了太多种类，诸如法国料理店、寿司店等。来到我们店里的年轻人，全都是自愿的。他们既然来到我们店里，必定是对“居酒屋”怀着某些想法的，也一定有潜力开出受欢迎的店。也就是说，有潜力开出“人气旺的居酒屋”。

这一点，任何一个行业都是如此。如果仅凭你的条件优厚把人手招来，而他们对工作并无热情，就不可能感觉工作起来有乐趣，也不可能发挥出个人的能力。只有让富有热情的新人加入你的居酒屋，才能对其他员工形成刺激，营造出良好的职场环境。

在小细节上也绝不放过“饥饿”状态产生的潜力

早前，开办了乌冬面连锁店“丸龟制面”的 TORIDOLL Holdings 公司并购了（立饮式）居酒屋“晚杯屋”的运营公司，这类大型公司收购个人小店的新闻近来屡见不鲜。

说到晚杯屋里的内部装修，基本上不用花什么本钱，店里全都是 100 至 300 日元的菜品、酒水。他们在武藏小山开出第一间分店后，我去过几次，也颇有感慨。我在那间店里要了一份金枪鱼刺身，还有炸竹荚鱼和土豆沙拉。买单时，我付了一千日元，居然还找回二三百日元。我们有间分店附近也开了晚杯屋，大白天从店前走过，也能听到店里的年轻人热情地大声招呼：“现在已经开门营业啦！”

他们店里的菜品，都是些立刻就能端上来的简单美食，并不需要什么特别的厨艺。刺身也会事先摆在盘子里，蒙上保鲜膜，只要顾客一下单，就能揭开保鲜膜，立刻端上去。墙面用的都是廉价的建材，上面贴满了菜单。地方虽小，却让人意识不到建材的廉价。而这些细节之处，全都是小店一步步从头做起积累的智慧。

小规模开店时，一定要研究如何用有限的资金抓住顾客的心。在晚杯屋里，那些价格低到令人咋舌的菜品，以及完全不需要人手即可迅速上菜的方式，全都被研究到了极致，完全不同于大企业里那些只靠脑子想出来的点子。

我想，那些大型集团也愿意开些特别的分店，但因为他们并未到岌岌可危的程度，自然也用不着研究到极致。要想开出真正具有特色的小店，并不容易。让那些薪水丰厚的大公司干部绞尽脑汁想些点子，成本上也划不来。我想这才是这种并购现象产生的原因吧。

要想开出晚杯屋那样的店来，自己也要始终处在“饥饿”状态才行。“饥饿感”能使人发挥出超常的潜力。我们店里的学员将来都是要独立的，他们独立时都需要这种“饥饿感”。可是，当他们领着薪水在我们店里工作时，这种“饥饿”的感觉往往会慢慢消失。

前一阵，有一名 20 岁的新人成了我们的学员。他定下的目标是，28 岁之前开自己的店。进店时，人人都充满着“饥饿感”，怀着全新的目标。但重要的是，一定不要忘记这个目标。尽管我们要教给他们很多东西，但也能从他们身上学到很多东西。

这名新人也是因为喜欢我们店，才跑来工作的。我告诉他，一定不要忘了自己当初对我们店的印象。要是过了两三个月，感觉店里跟你想象的不一样，就要把它做成像你当初想象的那间乐公司分店那样。这样，等三年后你当上了店长时，就可以自豪地说，“我已经实现了当初梦想的五成，今后要百分百实现自己的梦想”。可以说，从进店那一刻起，这名学员的开店大戏就已经拉开了序幕。

我有一位朋友是针灸医生，据他说，那些取得了资格、在别人店里工作的针灸师，无一例外都希望自己将来独立开业，然而实际上，很少有人能做到。我想，这就是因为，人在取得资格以后，往往会在一定程度上松懈吧。我们店里大部分学员连厨师证都没有，等到自己独立开店时毫无资格，也意味着毫无保障。所以保持岌岌可危的状态，始终处于“饥饿”状态，才能使人全力以赴。

那些保持着“饥饿”状态的人，不仅会对进店的顾客说一句“欢迎光临”，送上湿毛巾，还会站在门口热情地问候顾客，同时加一句：“天气热，有点冒汗，您要不要来杯啤酒？”这样，先帮顾客点些酒水。送上湿毛巾的时候，他们会一并把冰镇的生啤端给顾客。要是顾客两三成群来的，就可以在顾客点餐之前达成1000日元左右的营业额了。这个时候，顾客刚从外面炎热的环境走进店里，最想来的就是一杯冰冰凉的啤酒。要是再过五分钟，就没那么凉爽的感觉了。如果你的店常常把湿毛巾和冰镇啤酒一起端给顾客，也会给顾客留下“这家店里的啤酒总是冰冰凉的，格外美味”的印象，顾客自然会成为你的回头客。

有一次，我在外地一家夫妻开的店里喝日本酒时，无意间说了句“在东京那边，会把日本酒倒进红酒杯里，让顾客充分回味酒的香气”。没想到，一个月后我再光顾那家店时，他们居然真的为我改用红酒杯盛日本酒了。他们还说，“我们很少有机会到东京去，顾客提供给我们的消息都是最宝贵的”。就在我举起红酒杯畅饮日本酒的时候，旁边的女性顾客说，“我也想用红酒杯试试”。于是，店家照做了，果然使那位女性顾客无比惊喜。就这样，只不过换了个杯子，却化身成了取悦顾客的利器。

正因为个体小店时刻都处于“饥饿”状态，才会对顾客的话如此重视，并迅速做出反应。一点小的细节都不放过，这样的“饥饿”状态必能帮助你开出旺店来。

为什么一无所长的年轻人也能开出旺店

前几天我突发奇想，希望了解一下学员的成长目标，于是制作出了一份十字图表。横轴表示学员是否喜欢做菜，厨艺水平如何。纵轴表示学员是否喜欢营销和服务（参见第94页图表）。接着，我把图拿到店长例会上和大家一起讨论：要想做一名居酒屋的老板，哪一种类型是最合适的？

无疑，最合适的自然是既喜欢做菜又喜欢营销的学员了，而第二种适合开居酒屋的类型，是不擅长做菜却擅长营销的学员。问题是，剩下的不擅长营销却爱好做菜的类型，和营销与厨艺都不在行的类型相比，哪一种更好呢？总而言之，图表中AD和CD哪一区的类型更适合做居酒屋老板呢？

一般人显然会认为，AD这种类型更适合。

不过，这一区里有很多人都是厨艺高超的专业厨师。另一方面，虽说厨艺很难练到精湛，即便一开始对营销和服务并不关注，毫无兴趣的人，也可以慢慢培养。所以我认为CD区的年轻人更适合开居酒屋。

原本，做菜就属于个人爱好。学会一点菜式就容易感到满

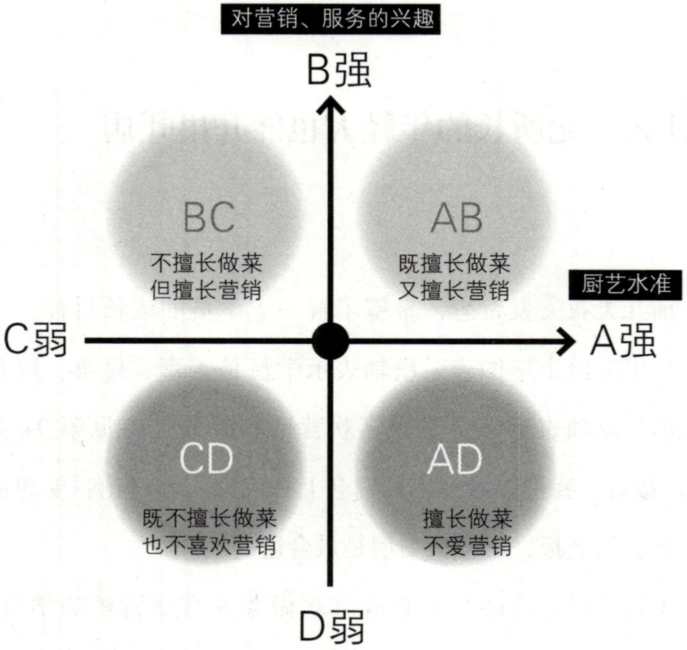

员工适应能力十字图

足，这样一来，反而不如一无所长的人。人能够清楚自己毫无实力，其实更重要。正因为CD区的年轻人全无长处，只能竭尽全力认真打拼，反而有开出旺店的潜力。

我们店里的学员绝大部分都起步于CD区。应该说，他们能否对营销产生兴趣，店长给予的影响更大。如果上面的店长明确地意识到将来要独立开店，不断认真思考该如何实现梦想，员工和兼职人员在那样的人手下工作，也必将发生较大的变化。因为，这样的人总是会认真研究如何卖掉酒菜，如何轻松快乐地开店，自然也能体验到营销和开店的乐趣。

我认为，店长要想加强目标意识，最重要的一点就是存钱。

哪怕你脑子里的点子再厉害，存不到钱也一样没有办法开店。当然，也有个别人不靠自己存钱，通过别人资助开店的。但是，那样很难开出旺店来。存钱是一种可以促使自己不断想象的强大工具，你可以想象要开出怎样的店来。

你的存款并非依靠别人出资500万日元，而是通过自己的力量点滴积攒起来的。只要存到100万日元，就可以做这样的事了。存到200万日元，还可以做那样的事——这样，梦想会不断扩大，也能跟脑子里想到的各种点子相结合。

我们店里曾经有一名学员“夸口”说，自己这些年来一分钱都没存到。不过最终，他还是存了100万，独立开店了。但生意做得异常不顺利。由于资金不足，开店的点子再多也是无法实现的。于是，他决心从头做起，又回到了我们店里。在例会上，他立下誓言，一定要想尽办法存钱开店！这种真实的心声，也给那些将来准备独立的学员留下了深刻的印象。他们心中也产生了“我也要存钱，我也要独立开店”的强烈意识。我想，这是一种良性循环。

新人教会我如何走上旺店之路

不论做什么工作，新人都应首先向前辈学习工作方法。如果几年过去还不能独当一面，就没有办法独立承担工作了。

在开居酒屋的过程中，我们也能从进店的新人身上学到很多东西。因为，我们这个行业不能像高级餐馆那样，让员工经过多年学艺后才站在顾客面前。在我们这个行业，哪怕刚进店的新人也要马上琢磨如何能做出菜来，给顾客端上去。而研究这些，也能成为我们自身的宝贵财富。

比方说，竹荚鱼碎刺身这道菜。那些刚进店工作的新人得像工作多年的前辈一样，立刻做出让顾客满意的菜来。当然，厨艺不可能达到下厨多年的老员工的水平。所以老员工总是十分苦恼，如何才能让刚来三天的新人也能做到让顾客满意呢？

做竹荚鱼碎刺身这道菜，要先把竹荚鱼刺身切碎，再拌上葱、姜等，调一下味。新人要是等顾客下了单后再现做，未免太浪费时间。所以不妨提前做好一部分。只要在端给顾客前把浸在水里的姜末现拌进去，就能产生极好的口感，并让顾客满意。

不只是菜品的口味，在顾客眼前迅速完成搅拌葱、姜的动作，也能让人感觉十分专业。把刺身切碎是需要时间的，但搅拌葱姜的动作，新人只要稍微练习一下，就能在顾客面前迅速完成。美味不只可以用菜品来传递，也能用动作来传递。

就这样，**要研究不谙厨艺的学员怎样才能具有战斗力——这对我们而言，更为重要。它也将在学员们独立时，成为他们开店的利器。**学员在我们店里工作期间，当然会有很多帮手。然而一旦独立，他们就要全凭一己之力了。不论做菜还是服务，都不可能像现在这样轻松。到那时候，为了那些不谙厨艺的新人而想出的各种点子就能起到作用了。

说到不懂厨艺的新人，我们有一名已独立出去的学员。当初，此人因为什么都不会做，非常出名。他是我们公司当年在温哥华开店的时候，从当地招过来的。他的简历本身就有问题。这名学员把在温哥华同住的日本学员简历改成了自己的名字，上面写着托福得了多少分——这也是后来我们才得知的。

什么都不会也罢了，我们原本希望他能用英语来服务，但当他做大堂服务时，却完全不懂英语。问过后才得知，他原来是做渔夫的。问他会切鱼吗，也不会，原来只是做过捕捞小沙丁鱼的渔夫，很滑稽吧。

可是，就是这样一个年轻人，却得到了周围人的青睐。欢送会上所有人都异口同声地说道，没有比这么一个什么都不会的家伙更招人喜爱的了。总之，这个年轻人笑容异常灿烂。在他刚进店时，我就教他无论如何要对顾客保持微笑，所以他始终都努力微笑着招呼顾客。能做到这一点，并不容易。老板即使能做出极其美味的菜肴，但如果总是黑着一张脸来接待顾客，也比不上那些总是带着温暖的笑容迎接顾客的店家。总是充满笑容的店里哪怕菜品一般，人们也愿意光顾。

但后来当我走进这个年轻人独立前工作的分店时，发现他脸上的笑容完全消失了，只是一味地在命令那些经验不如自己的员工。这时，我提醒他："不要命令别人，要记得微笑，你是不是忘了最重要的一点？"过了两三天，他找到我说："上次你说的话我没听懂，现在我终于懂了。"之前，他因为自己什么都不会做，只能拼命地对顾客微笑。而现在，他觉得自己什么都会了，却忘记了微笑。

我们一定要清楚自己不会做什么，这一点是非常重要的。相较于一知半解，完全不会更能使你的店旺起来，因为它将成为你身上一股强大的动力。

不要想着“教育别人”，首先要自己成长！

有一名独立出去开了家旺店的学员，在店长例会上讲过这样一件事：有一次，他们店里进货的鱼肉刺身不够新鲜，一名员工直接打电话到供货的鲜鱼店里去投诉了。这名店主听到以后，等员工挂上电话便对他说：“人家送的鱼肉特别新鲜的时候，你表示过感谢吗？”也就是说，不满意的时候抱怨，那满意的时候更应该感谢人家吧。

餐饮店并不是仅由店里的人员构成的，还要与周围人维持良好的关系，包括供货方，这样才能开出旺店、好店来。据说，那名员工听到店主讲了这番道理后，还在订单上特意写上“今天的鱼肉真新鲜！”向对方表示感谢。后来，鲜鱼店家还把很多制作鱼的方法教给了这名员工。

听到这件事，我感觉这名店主自身取得了极大的成长。他的话听起来不过是一句简单的道理，是极其自然、脱口而出的观点。**我常听周围人说，不知道该如何教育员工。在我们教育员工前，重要的是自己先取得成长。**

我们店里有些店长也会抱怨说，某个兼职的年轻人，过了好几个星期还是什么也学不会。这实际上也是因为店长自己没有认真教对方。作为店长，明明可以这样教他："今天的鱼肉特别肥美！多放点蒜会更香！——你试试这样建议顾客。"这样教，兼职的年轻人必然能学会如何向顾客提出建议了。

上日本酒时，不妨教新人看清楚酒瓶上的标签，可以一边向顾客介绍酒的产地，一边倒酒。日本酒不同于葡萄酒，瓶子上不会标什么特别难懂的外国名称，一看便知是哪里产的。有些酒瓶上可能标着"偏辣"，这时可以提醒顾客一句"这种酒爽口、偏辣哟"，这样做并不难。还可以这样跟顾客介绍："这是我家乡的酒！"而且，介绍日本酒的下酒菜也比葡萄酒要简单得多。自从我们店里主推日本酒后，刺身的销量也达到了原来的两倍多。

即便女孩子不会介绍酒水，也完全可以端着酒对顾客说声"我叫久美，由我来给您倒酒"。这样，自然能拉近与顾客之间的距离，顾客也会向你表示感谢的。在那些有专业大厨烹饪的餐馆里，这样的服务方式不可能存在，而在居酒屋里就可以。重要的是，要教员工学会这样的服务方式。

如果一名店长只知一味地批评员工，是培养不出手下人的。人如果总是受到批评，就会失去工作的热情。所以**即使对方是个什么都不会做的菜鸟兼职，也要学会通过小事表扬对方，这是非常重要的一点。**比方说："自从你来了之后，我们的洗手间格外干净，顾客很满意!”你这样说，对方一定会感到高兴，自然愿意努力工作。

我们公司有一名极不擅长讲话的店长，每当有不太会做事的新人进店时，这名店长就会和员工交换日记。为了写好日记，他每天都要仔细观察这名新人。兼职学员的日记里通常都会写“我要努力，早点学会工作”之类的，但当他们意识到店长每天在关心自己，他们对工作的热情会越来越高，还会仔细思考文章该怎样写，该怎样向对方表达。这样一来，就能产生良好的效果。

有新人进店时，也是店长自身获得成长的大好时机。仅通过思考如何教会新人，也能使自身得到成长。

切勿说太多负能量的话

每次更换店长时，在换人之初，营业额往往会有所下降。有时，新任店长是第一次当上店长的，部分顾客还会因为前任的离开而流失掉。但只要认认真真把减少的营业额重新追回来就行了。有一点绝对要注意，不要在店长例会上总说些负能量的话。有个十分奇怪的定律，一个人如果总说些负能量的话，很容易反映在自己身上。

即使开店不顺，你也要接受现实，想想可以做些什么，一定要站在积极的角度上讲话。即使有烦恼，讲话也要积极阳光。这样的人开出的店，营业额一定会提升。

比方说，如何解决人手很难保证的问题。面对艰难时刻，尽管兼职人员不够，也不要一味抱怨人手不足，实在没有办法应付。完全可以这样说："尽管我们只有这么点人手，但这个月卖出了这么多！"哪怕整体的营业额没有上涨，只要有一项是通过自己的努力做到的，你就可以大胆地说出："这道菜，我们卖得特别好！"这样说，能感染到其他员工，给所有人带来力量。

我们店里有一名老学员，在他太太的老家开店。他为人老实，不擅长服务，也是第一次出任我们的店长，前任店长是个极其有魅力的年轻人。因此，他十分苦恼，不知自己该怎么办。他绞尽脑汁，琢磨到底能做些什么。后来，他决定把店里清扫得干干净净，把地板上的泥全都用铲子铲掉，使整间店在清洁方面不输给其他任何店家。这并不难做到，而这种绝不输给他人的倔强，也使得店长本人更有信心。

这名学员的太太是个很可爱的女孩子，之前也是他们店里的顾客。至于他是怎样把她追到手的，直到现在我都没搞清楚。他也没有什么特别的技巧，想必就是凭着那股热情追到太太的。我想，对待顾客他应该也是一样的吧。这名学员独立后开的店离车站稍微有些距离，人气却一直非常旺。应该是他以第一次当上店长时那间干干净净的店为努力的原点，才终于有了现在这间旺店吧。

我想，烦恼本身并不是件坏事。你之所以会烦恼，是因为意识到要让自己的店更好。那么，不妨琢磨一些眼下马上就能做到的事，简单的小事就行。比方说，想象一下把自己的店打扫得干干净净，接下来会发生怎样的变化？只是一味烦恼，不肯行动的人，往往容易把事情想得太难。也就是说，与其杞人忧天，迟迟不去行动，不如立刻着手做些眼下就能做到的简单小事。这样日积月累下来，就能开出旺店了。

开篇的时候，我曾提到过自己在咖啡店里用抹布擦地板而受到表扬的往事。事实上，一旦把自己的想象变为现实，薪水虽然并不会马上增加，却能让周围的人对你刮目相看。不论做什么，不行动就不会有任何改变。一旦通过行动使自己的想象变为现实，你就会发现周围的人对自己的看法也会发生变化，这也将给你带来超乎想象的信心。

兼职人员也能参加店长例会

我们公司每个月都要开一次店长例会。起初，例会由我定好题目，每个人按题目发言。例会的目的并不是表扬哪间店做得多么好，而是把我在街上想到、看到的点子告诉大家。就在几年前，我改变了例会形式，开始让每位店长自由发言。改变做法后，效果非常明显。店长们都会在例会上讲一下自己去了什么地方考察，感觉如何，有了什么样的收获，自己店里正在做些什么，今后还打算怎样，等等。

例如，一名店长就曾讲过他们店在人多时，怎样对待新来的顾客。他说，因为这种时候店里已经接待了太多顾客点餐，实在忙不过来。即便能把顾客带进店里坐下，也不能很快上菜。为了避免顾客投诉，干脆婉拒顾客进店了。

但即使店里人再多，也应该有让顾客更满意的服务方式。这时，另一名店长就开口说："我们店里会让顾客先在门口等一会儿，在这期间把菜单递给顾客，让他们在进店前就下单。"这名店长介绍了他们店实际采取的解决方案：提前接受顾客点餐，等顾客进店坐下后，很快就能吃到第一道菜了。

大家讲的都是些琐碎的小事，比如这样的销售方法效果非

常好，或者研究出某道菜式，结果卖得不够理想等。这些从营销一线传来的成败经验，都是最鲜活的例子，人人都可以马上加以利用。

话说回来，至于各间店是否真能发挥这些消息的作用，还与店长能否准确地传达给一线员工有关。倘若只是带着耳朵听听而已，那么这些重要的信息恐怕连一半也记不住。有些学员会认真记笔记，也有人完全不写，我一向都随个人的喜好。不过，作为一店之长，能否培养出优秀的学员，独立后能否开出旺店，全都是从这些细节之处体现出来的。

我感觉，通过店长例会这样的场合，仅是在人前讲话这一点，就能使学员获得成长。因为，在人前讲话也是要慢慢习惯的。即便是婚礼上的致辞，只要经历过三四次，也能流利许多。有的学员还会在店长例会上讲些幽默风趣的东西，逗大家发笑。当然，这也有本身的天分因素。但即便你不擅长讲话，只要每个月在例会上练习，也一样可以越来越熟练。这样既能让同伴开心，更会让顾客满意。

我们公司的店长例会，只要员工报名，就能参加。因此，有时也会有兼职员工来参加。而兼职员工之所以会提出参加会议，显然是因为店长给他做了优秀的榜样，店开得好。所以员工也对开店感兴趣，把它视作将来的择业选项之一。

店长始终笑容满面，全力以赴，手下的员工和兼职人员自然也会笑容满面。只有这样的店，才能真正让顾客露出笑容。

兼职员工也需要有“经营者意识”

有一次，我到外地去考察。恰好当时有间分店刚刚更换了店长，对方打电话来向我报告店里达成了目标营业额。但打来电话的，是店里一名新来的兼职员工，是店长特意让他给我打的电话。

让兼职员工来汇报营销业绩——仅凭此举，就能提高员工参与经营的意识。自己能参与汇报业绩良好，也会使兼职员工感到无比兴奋，更能切身体会到营销成功的喜悦。这样，他才能带着强烈的经营意识站在大堂里服务。这样的开店方式，必然能让你的店得到成长。

餐饮店里，兼职员工的力量占八成，正式员工的力量只占两成——这是我的观点。光是正式员工拼命努力，而兼职员工毫无积极性——这样的店在顾客眼里，也绝不会是多么有魅力的店。

因此，重要的是，兼职员工也能带着经营者意识，认为“自己一样能推动店里的业绩”，从事有意义的工作。

我们公司还有位店长会给每名兼职人员发一个笔记本，要求员工每天在上面写点什么，内容随意。一开始，那些兼职员工可能会感到困惑，不知道究竟该写些什么。店长并不要求他们写多么复杂的内容，只不过是“今天来了什么样的顾客”“今天通过什么样的服务换来了顾客的笑容”之类的就可以了，目的是让他们写出在日常工作中经历到的点点滴滴。

在记笔记的过程中，兼职员工们慢慢开始懂得了如何工作，也留意到其他员工是怎样努力的。仅通过一个小小的笔记本，连兼职员工与正式员工之间的关系也慢慢融洽了起来。

在那间店里，不仅兼职员工与正式员工之间和谐融洽，一部分做兼职的年轻人还经常自掏腰包去喝酒，甚至还会向朋友介绍说“这家店特别棒”，连他们的朋友也主动要求到那里做兼职。反过来，要是你店里的兼职员工老跟人家说“这家店可不怎么样”，显然你这里的人际关系存在问题，整间店的气氛也必然不佳。

能抓住兼职员工的心理，营造出笑容满面、积极阳光的工作环境才是关键——所有在店里工作的员工，都应该明白这一点。如果还有员工不明白，店长就有义务教给他们。

例如，批评兼职员工的时机。假如你碰巧在开门前批评了他们，接着马上让他们露出笑容来迎接顾客，那是不可能的。不少人都不清楚该如何批评兼职员工，这一点务必要记得。

餐饮业，是一种通过服务来学习如何与人接触的行业。所以好多店长都会对兼职的学员说，你们在这里学到的东西，以后工作中一定会派上用场。

实际上，有很多原来的兼职学员在步入社会后，回到我们店里喝酒时还会对我们说：“当年在这里学到的东西，在我现在的工作中很有用!”即使员工现在不在你的店里工作了，依然会成为你店里的客户，这才是真正意义上的好店。

旺店的创业故事能使员工得到成长

独立开店以后，同时经营三间左右是最稳定的。一旦开出新店，就必须兼顾老店和新店，还必须培养出能干的员工，放心地把老店托付过去。做不到这一点，就不应该开那么多店。

我们公司有一名独立出去的学员，在他开第二间店时，非但没有培养出员工，反而把我们的人带走了。这名学员开的店人气相当旺，而且已经开到了第二间，却做出这样的事情，实在令人遗憾。

培养出能放心托付店面的员工，委实不易。我们公司的人才被挖走，工作也变得异常辛苦。但我要说的是，不能把员工带走倒不仅仅因为这一点。

自己开店是梦想，一开始无疑要面对没有客流的艰难状况。只有经历过这样的同甘共苦，员工才能与你一同成长。甚至，最开始还会有客流量为零的时候。**只要你不断下苦功钻研，慢慢地必然会有顾客来你的店里消费，你的店也一定会越来越旺。而这一个个脚印，才能串起你店里独特的创业故事。**这段故事还将在手下的员工自己开店时，发挥出极大的借鉴作用。因此，当有员工向店主表示感谢说："我在你这里学到了很多"时，说明这名店主一定做得很棒。

我们公司里，有擅长培养人才的店长和不擅长培养人才的店长两种。有一名中学毕业的学员，他在我们这里担任店长期间特别能干。即使有个别进步慢的兼职年轻人进店，他也会无比自豪地介绍说，我们这里来了一名全世界最强的员工！因为，他有一种强烈的意识，想培养出全世界最强的员工来。

相反，也有个别店长不肯教育那些行动慢、不擅问候顾客的兼职年轻人，只是一味地抱怨对方没能力，听任对方辞职走人。这样简单粗暴的做法，怎么可能产生出创业故事来呢？

即使是能力不强的兼职员工，一开始也可以让他从每天的努力做起，过六七个月后，他必然能热情饱满地接待和问候顾客，学会察言观色。通过这一步步的努力演绎出创业故事，不管店长讲什么，都会有说服力。接着，还会有越来越多原本资质不高的学员学会如何经营，这也将成为店长日后独立开店时做大做强的基础。

说实话，我不太清楚那些选择到大型连锁餐饮店里做兼职的人是怎样想的。哪怕你自己不打算开店，既然要在餐饮业工作，能体验到里面的人有些什么样的创业故事，不是更好吗？诚然，那些大型连锁集团里的干部也要教会新员工完成业务，但他们不过是因为本身背负着这样的任务，并没有背负自己开店的风险，也就无法从中诞生出可以传承下去的创业故事。

在大阪，有一个以海鲜料理出名的小摊。那里地段并没有多好，但即使外面下着小雨，也会有几十位顾客开业前就在门口排起长龙。这个小摊最受欢迎的美食，是堆得像小山一样的海胆和鲑鱼子，实惠到让人直竖起大拇指。而且这个小摊永远干净到令人难以置信，所以他们的工作也异常辛苦，每周只能开业四天。店主如此认真努力，这对那些即将独立开店的学员来说，也将成为宝贵的财富。

没有竞争对手，店就旺不起来

我认为，要开出旺店，就必须有竞争对手的存在。我们的员工和独立出去的老学员之间关系相当融洽，常常结伴去喝酒。但同时，彼此之间也存在着强烈的竞争心理。

每当听到同伴开的店人气极旺时，每个人心里都会很在意。一方面，为对方感到高兴。另一方面，会重新燃起斗志，决不能输给对方。这是因为，我们的员工的起跑线都是一致的，都是从既不会做菜也没有存款起步，之后慢慢存了钱，再独立出去。在我们这里，大家的伙食都是在店里凑合，提出的五年存款目标都是600万日元。“既然别人可以，没有道理我不行。”**同伴的成功，也必将成为自身努力的动力。**

竞争对手最好不要是抽象的，而应是有具体姓名的人。一般来说，学员都会将同时期进店或年龄相仿的人看作竞争对手。不过，也不全是如此。

例如，先前就有一名即将独立的学员与老学员在同一片区域里物色铺面，结果老学员先找到了。这让我们的学员倍感压力，开始暗暗督促自己更加努力。要开出旺店，就需要感受这种良性的压力。

假如这种时候满不在乎地认为，只是别人的运气比自己好罢了，那么恐怕一辈子也开不出旺店来。没有一种良性的嫉妒心理，独立之后是开不出旺店来的。

有时，老员工的店也会成为反面教材。迄今为止，我们公司已有数百名学员独立开店。长年下来，既有人开出极旺的店，也有人开的店里异常冷清。

甚至，个别学员还不得不关掉自己的店面。看到这样的现实，那些准备开店的学员也要认真思考，自己如何努力才能避免这样的情况发生。要让即将独立的员工们知道，独立之后不可能人人开出旺店来，也可能伴随着这种痛苦的现实。

一旦你独立后，很快就能开出第二间店来，第一间店就将成为你的左膀右臂。这时务必要留意的是，不要把你自己的个性强加在左膀右臂上。

我非常喜欢那些店主个性十足的店铺。但如果想在第二间、第三间店继续发扬自己的个性，就不太合适了。我认识一位中年男店主，只要店里员工的做法跟自己的想象不一样，就会大为光火。可实际上，开店过程中想要百分之百如自己的意是不可能的。

我认为，不要总想着强加自己的色彩于人，而应让自己的左膀右臂做自己想做的事。因为，最重要的还是让顾客满意。

如果不能快乐地提升你的业绩，也就不能让顾客满意。而且，不只发挥你自己的创意，左膀右臂也能将创意发挥出来，才会成为个性十足的店家。

假若一味地强加自己的个性，本应辅佐你开店的左膀右臂也会产生不满情绪，离你而去的。

第 4 章

开店利器就在你自己脚下

——怎样才能做出畅销产品？——

学会在脑子里描绘营销的过程

有一段时间，看到几个儿子在店里忙活，我自己也忍不住想重新回到一线去工作。于是，时隔多年，我又重新返回到店里。我迫不及待地想立刻尝试那些脑子里不断冒出的点子，每天凌晨都会急切地期待着天亮。

自从离开工作一线，每当我在街上或其他店里看到某些做法，激发灵感时，就会马上给店里打电话或发传真通知学员。但店里的学员并没有实际见过我所说的东西，一时间很难对我的点子产生共鸣和感到兴奋，脑子里也不能立刻描绘出清晰的画面来。即使我把点子告诉他们，也很难如愿在店里发挥作用。

所谓的“在脑子里描绘出画面”，以做菜为例，不光是做出怎样的菜式，还包括怎样把这道菜送到顾客桌上，怎样带给顾客惊喜——这个过程全部都要想象出来。想象不出整个过程，就很难把它打造成畅销产品了。要开店光是做菜并不够，重要的是如何把它卖给顾客。

如果你自己都不相信你的产品很棒、很有趣，营销能力自然也不会太强。但当我自己回到一线工作，就能把白天想到的点子一一进行试验了，也能马上知道顾客的反应，还可以把这件事的有趣之处向店里的学员直接传递，这也让我再一次体会到了这项工作的意义。

我这个人，自己想到什么点子总是忍不住马上执行。想到什么点子，务必趁热情还没冷却时赶快实施，把自己的想法以最好的形式发挥出来。这样做，其实并不可能全部成功。或者应该说，顾客反响不好的例子更多，失败的例子也更多。但只有不断尝试这些点子，才能打造出真正让顾客满意的菜式和服务方式。

我们有一名店长去福冈住了两晚，考察了 11 家店，脑子里想到很多点子，回来后希望马上反映到菜单里。因为，那些考察中灵光闪现的点子，回来不马上实施就没有意义了。这种心理非常值得鼓励。但这种时候，年轻人往往对自己第一次吃到的东西过于兴奋，很想挑战一些复杂的菜式。话说回来，我们只是做居酒屋的，端上去的菜式即使是顾客没吃过的，也未必就能抓住对方的心。我们应该做的并非这些，而应着眼于那些常见的菜式和食材。那些店里是用怎样的上菜方式，怎样把菜式卖出去的，把这些有趣之处拿来借鉴才是正确的。

所谓开店利器，并不在那些自己没看过、没听过的地方，而在你自己脚下。

几十年前，烤肉的价格非常昂贵，还没有像现在这样大街小巷到处都是烧烤店。当时烤肉店里有一种吃法，用生菜叶包肉来吃。我这个人一向不爱吃蔬菜，但用它包上烤肉吃时，感觉特别地美味，这使我非常惊喜。于是，我用相对容易买到的叶子菜制作出了一道“叶子手卷牛扒”。结果，这道菜尽管制作起来极其简单，却很快成了店里的招牌菜。在居酒屋行业里，花不花功夫，与卖得好不好并没有必然关系。既然如此，做些既简单又美味，还能轻松卖掉的菜式，不是更好？

我曾在一本周刊杂志上看到过一家知名意大利餐厅，他们会使用红酒杯盛一款兑水烧酒端给顾客，让人感觉很有范儿。这种兑水的烧酒里，水跟烧酒会充分融合，十分美味，也是我们店里必备的一款酒水。放弃常用的烧酒杯，改用红酒杯端给顾客，能让这款原本只有中年大叔爱喝的酒，瞬间摇身一变成为时尚饮品。而且，红酒杯是我们店里的备品，并不需要特意准备，也不花成本。显然，烧酒的成本还要低于啤酒，何乐而不为呢？

于是我立刻在自己的店里小试牛刀。结果，顾客的反响非常好。顾客点了这款兑水烧酒后，我们用红酒杯送到顾客桌上，将装在造型时尚的玻璃瓶里的烧酒倒进杯子里。顾客看到这个场面时，往往异常高兴：“你们居然用了红酒杯！”

要想卖掉你新推出的酒菜，范围就得无限扩大。不光要考虑酒菜本身，还要考虑上菜的服务方式怎样才能更有意思。

刚才提到的兑水烧酒，也不是兑了水端上去就完事大吉。我们还把藠头放进玻璃瓶里，再倒入大量红酒，制成红酒腌渍藠头，并且这样建议顾客："这道小菜很下酒哟！"我们也不光是闷头制作，还会把小勺递给顾客，说一句："这些藠头，您可以自己从玻璃瓶里捞出来，只要150日元！"然后，还会玩个游戏，告诉顾客："不过，如果您捞掉了一个，价格就要翻倍哦！"这样，一份小小的藠头就能让顾客充分享受到乐趣，成为一个充满魅力的配角。

我觉得，不光是菜式本身，与顾客之间的交流，也能让顾客成为你店里的粉丝。例如，在我回归到店里工作的时候，我会晚上十点钟走进店里，在自己的店里喝上一杯。要是一个刚刚还在厨房里干活的老头子，换下工作服一声不吭地走进店里喝酒，给人的感觉似乎不大好。所以我换过工作服后，会出来解释一句："根据老人劳动基准法，晚上十点以后就禁止劳动了。所以，我也来喝一杯！"这样，顾客自然很愿意与我同乐，还能开心地和我聊聊天，甚至，还会主动告诉我"希望再来"。

菜式也好，服务也好，都不需要太过夸张的东西。一点一滴的喜悦日积月累起来，一定能给顾客带来潜移默化的作用。慢慢地，就会有越来越多的回头客，他们会感觉"这家店就是不一样"。

个体小店怎样做才能赢过大型集团

我们选择开店的地段一般不在车站前，而是位于需要从站前走上五六分钟的地方。顾客在来的路上有时候会迷路，并体会到一丝激动和兴奋——这样的店址才是我们经常的选择。

在这样的地方，附近通常也会有大型餐饮集团开店。我认为，附近既然有大型餐饮店，就意味着我们也能生存下去。因为，既然大型餐饮集团选择在这里开店，就说明这条街、这个片区的客流量很大。所以，只要我们认认真真开店，就一定能做旺起来。

甚至，当我看到附近开店的大型集团也有跟我们一样的菜式时，会觉得更妙。例如，那家大型餐饮店里也卖肉炖豆腐。在那些店里，通常都会把专业摄影师拍出的大幅肉炖豆腐图片贴在漂亮的招牌上，摆在店门口。

要想办个十人左右的聚会，选择那些地方确实不错。但如果是成双结对的顾客进店，而且想让他们再次光顾，我们的肉炖豆腐就不光是在门口宣传了，还要在服务方式上向顾客宣传。

我们会在炖得造型漂亮、香气十分诱人的豆腐上放上切成四瓣的洋葱，加上肉一起小火慢炖。给顾客上菜时，会向顾客特别介绍说，其实这道菜里最好吃的就是洋葱了，您一定要尝尝！这句话说起来简单，却可以吸引顾客再次光顾你的店。个体小店里的菜式并不单单是菜式，还包含着与顾客之间的情谊。

我常去那家知名的拉面连锁店吃拉面。每次喝完酒的时候，去那里来上一碗拉面刚刚好。而那家店做得也很到位。不过，当我看到那家店里的菜单上写着“半份米饭”时，感觉很庆幸。

同样的情况，我们店里每次上半份饭时，会直接告诉顾客“我们的米饭碗比较大，还可以上半份”。这样说，给顾客的感觉更加亲切。当然了，提前写在菜单上，从工作的角度看更轻松。但那样不足以使顾客成为你店里的粉丝。

我认为，既然要开居酒屋，就必备咖喱。顾客喝了酒之后，往往都喜欢点上一份。特别是周五晚上，店里通常都很忙碌，不妨多做些咖喱，这样就可以轻松吸引顾客了。但要记得，菜单上一定不要体现有咖喱。一旦菜单上写了，就不能给顾客惊喜了。可以告诉顾客，其实这道菜我们不会写在菜单上，但最后给您来上一碗是可以的。这样，反而更能让顾客忍不住下单。居酒屋里的咖喱，也不必非用盘子装，完全可以用小碟子盛出来，端给顾客。

哪怕是那些顾客没吃完的菜品，也能成为宣传的利器。

例如，在我们公司的一间店里，因为招牌菜的菜量很大，顾客经常吃不完。我觉得，这种时候完全可以主动跟顾客说："帮您把它改成简单的下酒小菜吧。"可以帮顾客把吃剩的肉切碎，加入蔬菜，重新端上去。上菜时，除了切碎的肉，再上点腌菜，告诉顾客："用这个来做茶泡饭特别好吃，我们这儿还有配料呢。"这样，我想顾客一定很愿意来上一份茶泡饭。

没卖完的刺身，也可以这样处理。只要把它改成西班牙蒜香口味的下酒菜，就不再有剩菜的感觉了，而是一道格外诱人的菜式，做法还异常简单。想增加风味的话，还可以放些蘑菇或栗子。但栗子的价格一般比较贵，所以可以改用红薯。离江户13里的川越一带，出产一种名为"13里"的红薯，自古就号称"比栗子还好吃"。不妨一边给顾客上菜，一边问一句："这种红薯名叫13里，您知道为什么吗？"这样，哪怕只是一份剩菜，也能一下子拉近你和顾客之间的距离。顺带说一句，像这类营销小知识，只要在平常看书、看漫画时多加留意，就能自然而然记住了。

有时，店里的新员工或兼职员工完全没有过厨艺经验，导致厚蛋烧和刺身做失败了。这样的食物，在那些大型餐饮店里当然是拿不出手的，但在我们这种居酒屋里就可以。不妨坦白地告诉顾客："这道菜我们做失败了，特价，只要200日元！"一样卖得掉。我们有一名老员工开的店里，还会这样告诉顾客："在我们的兼职员工练好切刺身前，我们这里的竹荚鱼只要300

日元!”他们就用这样的方式，把切得不够专业的竹荚鱼刺身全部卖掉了。在我们个体小店里，最需要反复研究的，并不是把菜做得多精致，而是怎样把那些大型餐饮店里卖不掉的产品卖掉。因此，不光是在价格上优惠，营销方式也要能让顾客感到好玩，这才是最理想的。

要想卖掉你的酒菜就务必全部卖光

开店卖酒菜，从早上开门到晚上关门，有无数个机会可以向顾客宣传。但不少店家显然都没有充分利用这些机会。

在夏季，我们店里的学员把西瓜切成三角形，再用竹签串起来，起名叫“西瓜扇”。所有人一起研究出这样一道美食，都认为会给顾客带来惊喜。于是，辛辛苦苦准备了很多份。但如此精心准备的西瓜扇，最后居然没有卖完。

我想，学员们是绞尽脑汁才研究出这道西瓜扇新菜式的，并不容易。可是既然推出了新菜，就绝对要把它卖光。不努力到这个程度，就会失去意义。

只要你真想卖光自己的酒菜，绝对卖得光。比方说，最后还剩五串西瓜扇时，干脆告诉顾客，最后留在店里的顾客我们白送，机不可失，时不再来。这样，顾客反而会觉得你的店很有趣，愿意再次光顾。

要是顾客太多，数量不够，还可以让顾客玩石头剪子布，赢了的人免费赠送，这样立马就能把气氛搞得热烈起来。西瓜扇这种食物留到第二天就会软塌塌的，没法卖。所以，我们必须设法把这些务必卖掉的酒菜全部卖出去。

归根结底，卖不掉还是因为对“营销”这件事不够投入。假如你是在别人手下工作，哪怕不能全部卖掉也一样能拿到工资，所以只要努力准备菜品，能卖掉六七成就满足了。但当你自己独立开店时，菜品就得全部卖掉，不然就没有办法生存。既然要卖掉你的酒菜，你就必须清楚自己究竟想卖掉什么，也就是说，务必减少菜品的数量。

有一家我做过顾问的店里，仅甜品就有六七种之多。当然了，并不会全上。既然如此，一天只推一种就好了。然后，可以想尽办法推销这一种甜品。这样既轻松，又能全部卖掉。

比方说，可以在胸前姓名牌底下写上今天最想推销的甜品名字，再加一句：“我们的布丁嫩滑爽口！”还可以向顾客这样推荐：“这道甜品口味特别棒！”这样一来，顾客喝过酒后，就会想点一份尝尝。如果顾客是成双结对的，即便只有一份，也能增加250日元、300日元的消费。主动向顾客推荐，结果就会完全不同。

不光是餐饮店，观察一下周围，就会发现很多人都忘记了营销的重要。当我们走过那些即将打烊的蔬果店门前，经常可以看到还剩一两只篮子，里面装着几根茄子或萝卜，都是没有卖出去的。既然没有卖出去，还不如免费送给路过的女性。一来二去，顾客就知道你的店里每天卖的都是新鲜蔬菜了，她们也会慢慢对你的店青睐起来——这就是我的观点。

听到别人的成功故事后要勇于一个个尝试

一段时间以前，曾经有一档韩国节目，内容是外行开居酒屋。当时，对方艺人来我们这里采访。据说，在韩国有很多人选择退休前辞去工作开餐饮店。还有不少人看过我的著作，是韩语版本的。

来到我们店里采访的，是一名年轻男子。他问我："做什么菜比较好？"我反问他："你最爱吃什么？"他的回答是"咖喱饭"。我又问他："那你喜欢吃哪里的咖喱饭？"他说"最喜欢吃妈妈做的"。我告诉他："既然这样，那你就好好跟妈妈学学怎么做咖喱吧。"这样一名帅气的艺人，做出一份"全世界我最爱吃的咖喱"来，效果不是最佳吗？

当然了，这只是节目的剧本。至于专业的居酒屋理念，也不例外。像我们这种居酒屋行业，不同于当学徒多年的大厨开专业餐馆，与其勉强自己学习什么复杂的菜式，还不如老老实实跟妈妈学些地道的家常菜，反而更能带给顾客惊喜。只要你的店里有红烧肉、关东煮等常见菜专用的炖汤，就可以了。在汤里加些蔬菜，就可以做出店里的招牌咖喱，也必然能使顾客食欲大开，喝完酒后来上一份。而且，这种菜式往往都是利用店里原有的食材，不用花什么工夫。

其实，说起人人爱吃的美食，随处可见。那些电视广告里播放的美食，就是典型代表之一。这种美食广告通常制作得十分吸引人，观众看了都会流口水。比方说，在一则电视广告的特写镜头里，能看到新鲜的茄子，厨师再加些味噌酱进去，炒出一份热气腾腾的茄子肉片来。那效果看上去的确十分诱人，使得观众垂涎三尺。这样的大好机会，只要稍加利用就能做出美食来了。不利用，岂不可惜？而且，季节不同，广告的内容也不一样。只要你跟着广告走，就能营造出菜式的季节感。

我一向认为自己毫无特长。每当我观察周围，总会有很多地方使我心生钦佩。当我看到电车里吊着的广告、超市地下的副食专柜时，总是会忍不住反复研究。那些企业耗费了大量时间，究竟要宣传什么、推销什么，这些全都是关键。

从中得到一些灵感，只要再稍微加工，就能变成自己的特色产品了。当我看到那则茄子肉片的广告时，意识到这道菜里所用的味噌酱，配上黄瓜一定会很美味，配上乌冬面还可以做出棒棒鸡乌冬面什么的。即便是常见的柠檬沙瓦，只要想想点子，也可以变成另外一款完全不同的、使人惊喜的饮品：只需把榨过汁的柠檬皮浸在威士忌里，再用冰箱冷冻一下，冻硬之后，把柠檬皮放入沙瓦里，就能代替冰块了。给顾客上饮料时，可以和对方说一句："柠檬沙瓦是有声音的，您听过吗？"当顾客听到冷冻的柠檬皮在玻璃杯里咣当咣当敲着杯壁时，会感到异常惊喜，这要比单纯送上柠檬沙瓦更能给顾客带来快乐。

有一名已独立出去的学员，他在临走时说过一番话，让我感慨万千。他说："大家最好都听老爷子（也就是我）的话。要是你们哪个人觉得上面做管理的人说的跟实际一线服务的感觉不一样，就太可惜了。"我常跟店里的年轻人一起去喝酒、聊天，告诫他们要听我的话，我说的都是绝对能做的。千万不要觉得这件事能做，那件事不能做。只要是我说的，大家全都要做。因为，现在你们还没有能力自己想点子。可实际上，当我们的学员独立后，往往都能想出很多好点子来，把自己的店做得很旺。甚至，还会让我觉得，怎么他当初在我们店里时不这样做呢？

"营业额减少""客流量不如想象的多"——遇上这类情况时，大家都会想办法研究怎样解决，脚步也会跟着停下来。在我们店里，一般会在店长例会时让其他店分享自己的好点子。比方说，最近采取了某种做法，提升了营业额等。老学员里也有不少成功的例子，也可以到他们的店里请教他们。此外有很多旺店可以去考察。只要关注人家的店是怎样做旺起来的，就可以了。如此这般，不必一味钻牛角尖，一个一个试过再得出结论，找到最适合自己的做法就行了。

成功的经验，也是真正的财富。但如果只是抱住经验不放，那会让财富凭空腐烂下去。

所有人都有涉足新事物之时。我想，这种时候你可能会害怕失败。但是，比起因害怕而不敢尝试，不断经历失败要更好。

追求异性的时候也是同理。一开始，你会想，怎样才能握到对方的手，当你握住对方的手时；对方会不会不愿意——你会因为这些问题而紧张不安。但如果一味害怕失败，必然不可能把对方追到手。

有时候，只有失败，才能让你明白这种方法并不适合自己，可以反过来思考为什么那家店能取得成功，自己要怎样做，才能取得成功——这些细节之处的努力，必然能为你带来成功。

那些菜品卖得飞快，格外忙碌的店，也会始终以自己的店为骄傲，把店里上下打扫得极其干净。我们公司一部分旺店里，甚至连照明伞都擦得亮晶晶的，吧台上的一升瓶也干干净净，整体给人感觉明亮舒适，顾客也趋之若鹜。就是这样，旺店与不旺的店之间会不断地拉开差距。

以永不过时的真正意义上的店为目标

曾经遍布街头巷尾的老风味店、传统的中餐馆现在可谓是已经看不到了。在那样的店里，通常会摆着许多大叔、阿姨在后厨忙活出来的家常美食，韭菜炒猪肝、锅贴、半份拉面等。

以前，这样的店几乎随处可见。但现在要是心血来潮，想找个地方吃份韭菜炒猪肝，就不容易了。其实，我觉得那样的店才是最吸引顾客的。

一间15坪左右的小店里，备上十五六道菜式，整间店内给人以清凉感，暖帘每天都平整地挂在门口。菜式只要有家常的咕咾肉、锅贴、韭菜炒猪肝等，就很受欢迎了。这样，我们的学员也不用那么辛苦学艺，只需三年就能学成了。店址可以选在极其普通的地方，像住宅、临近车站的地段，都可以。顾客也能穿着人字拖随意进店。

但我不仅希望你的店是间老风味的店，更希望它能让顾客感觉“这真是一间特别的店”！比方说，你可以向顾客这样推荐：“咕咾肉跟红酒特配！”“这种日本酒跟中餐是绝配！”用这种以往传统中餐馆没有过的形式来介绍你的酒水。如今，中餐馆的行业跨度越来越大，不少店家都开始卖起红酒和日本酒来。甚至，有的中餐馆里还备了香槟。不过，仅是能喝到红酒的中餐馆，或是能喝到日本酒的中餐馆，还不够有意思。“一家街头老风味的中餐馆里居然有红酒”，才更让人感觉有意思。只有这样，才能抓住顾客的心。这种意外性特别重要。

标新立异的店，容易很快就过时，而一间“保持老风味的中餐馆”无论何时都不可能过时。也不只是中餐馆，私人的居酒屋，这类保持老风味的店，才是真正意义上的店。以此为基础开店，永远不会过时。这样坚持下去，才能开出旺店，始终受到顾客的喜爱。

“竹轮中间的孔”告诉我的道理

小时候吃关东煮时，我总是讨厌吃里面的竹轮（日本传统食物之一，在鱼肉里加上调料塞入竹圈，以竹制或金属制的棒夹住，然后烤或蒸熟，所以是空心的，中间有圆孔），只因不喜欢竹轮中间的孔。后来，母亲提醒我说：“小傻瓜！你不吃那个部分不就行了嘛。”

正是母亲，教我学会了独立思考问题的方式。

小学四五年级时，有一次我们去上野玩。在国立西洋美术馆门前，立着罗丹的著名雕塑——《思想者》。母亲问我：隆史，你看这个人在干什么呢？我便挺起胸膛，照着课本回答说：这个人在沉思呢！

母亲却对我说：你觉得他像在沉思吗？男人沉思的时候，可不是这副模样。你再看看他的表情，明明愁眉不展的。接着，她说：这个人是在烦恼呢！尽管母亲并没有讲更多的道理，但她教会了我，看待事物一定要自己独立思考。这对我来说，也是一笔巨大的财富。

从不同的角度看待事物，能诞生出让人恍然大悟的点子。

从零开始琢磨新事物的确很难，但如果能以已有的事物为基础想点子，再加以利用，就可以轻松抓住顾客的心了。

宫崎县有道名菜，叫炭火烤土鸡。这道菜要顾客自己把鸡肉放在铁丝网上用炭火烤熟。我第一次看见时，心想这样的做法实在太妙了。

我一直觉得，烤鸡肉串是居酒屋里最受欢迎的菜式。喝酒时，顾客最爱点的就是这道菜了。食材不过是鸡肉，成本也可以压得很低。但把肉串在竹签上，一根一根地烤，操作过程比较麻烦。当我看到宫崎炭火烤鸡肉的做法时，我想这样的方式不但能让烤肉轻松起来，还能让顾客自己得到享受。于是，我开始反复琢磨，推出了一道新式烤鸡肉串。

并不需要研究出多么爆红的产品。像那些有悠久历史和民间基础的菜式，就有很大的发挥空间。在我们居酒屋行业，要想做出600日元左右的高档菜式，完全可以把各地的名菜拿来借鉴。不过，要记得，如果你只是单纯模仿，很可能输给借鉴的对象。

我以这道炭火烤鸡肉为基础，反复琢磨怎样才能做出不一样的美食来。对了！宫崎的炭火烤肉只是把烧烤网摆在炉子上。我想到，可不可以用平底锅来试试呢？如果用平底锅晃动着烧烤网来做菜，一定很有动感，能营造出十足的现场感。

现在，这东西当然有成品卖，但当时那个年代，哪里找得到呢？于是，我请铁匠师傅专门定制了一些有铁丝网、带把手的厨具，并在强度上加以改良，这些厨具至今依然是我们厨房里不可或缺的工具。

再说到菜名，只要在常见的名称中稍微加点创意，就格外吸引人了。

比方说，那道我常制作的厚蛋烧。这道菜成本低廉，通常顾客喝过酒喜欢点上一份。一般来说，更换菜单的时候，这道菜往往是首选。

但要是菜单上只是平淡无奇地写着“厚蛋烧”，并不容易吸引顾客。我就给它起了个新名字，叫作“外婆家的厚蛋烧”。我还把常见的土豆沙拉和炖菜改了名，叫“妈妈的土豆沙拉”“老爷子炖菜”。就这样，司空见惯的菜式立马变身成了温暖且有家常感的特色美食了。

此外，常见的“下町意大利面”这类菜名也启发了我的灵感，于是推出了“中町焗饭”“上町蒸菜”等菜式。这样的菜名不但能抓住顾客的心，还能让他们愿意主动宣传。尽管这些点子并不需要多下苦功，却能让顾客露出真心的微笑。正是这样的理念，一路支撑着我的店走过来。

废弃食材也能化身为畅销美食

有一天，还是春寒料峭的时候，我和太太到店里去玩，看到吧台前坐着几个女孩子。当时，那间店里的店长主动盛了热乎乎的关东煮汤递给她们，还招呼说："很冷吧？喝点这个！"

而且，他用的是大号的汤碗，就是关东煮常用的朱红漆大碗。这一举动让几个女孩子十分意外，她们赶紧说："我们还什么都没点呢！"店长回答说："没关系，没关系。先喝点暖和暖和吧！"那几个女孩子听到这句话时，脸上露出了惊喜的表情，一边喝汤，一边纷纷嚷着"真好！"。

那些关东煮并不是特意准备的，而是店里本来就有的，这也让我对店长的做法无比钦佩。这个年轻人竟能如此抓住顾客的心，这让我非常感动。而且，他不是用什么装下酒小菜的小碗端过去的，而是用大号的汤碗，这更能让顾客感到惊喜。要是顾客喝了汤觉得好喝，说不定还会点上一份关东煮。

我们店里有些学员，哪怕关东煮和炖汤就在眼前，也想不到加以利用。正是这样一点小小的差距，带来了巨大的不同，这让我感触颇深。

我在金泽一间自己担任顾问的酒吧里喝酒时，发生过这样一件事。那家店里有一款水果鸡尾酒，很特别，也很美味，只可惜水果没有使用新鲜的。因此，我建议他们使用新鲜水果来制作。店里的年轻人反复琢磨了我的话，后来我再到店里去时，他果然用新鲜水果为我调制出了鸡尾酒。

但当他调酒时，把一杯鸡尾酒倒入杯子后，调酒器里剩下的部分就随手丢弃掉了，我感觉十分可惜，于是我提醒他说："在东京我们会把杯子放在盘子上，为顾客把香槟倒进杯子里时，故意溢出来，叫'溢出来的香槟'，鸡尾酒不妨也这样试一试！"

店里的年轻人微笑着听取了我的建议，下次我再去的时候，他果然想出了点子。鸡尾酒是一款时尚饮品，按理说不该溢出来。所以他想办法让溢出的酒水流进了一旁的矮脚杯里，这样的倒酒方式看起来格外有范儿，其他顾客也纷纷要求效仿。结果，第一个月就卖出了 760 杯！像这样的做法，并不需要购置新的备品，只需利用手里现有的东西，就能做出时尚的酒水来，绝对事半功倍。

我还曾指导那家酒吧如何制作下酒菜。他们店里有很多厨房机器，能做出各种讲究的大菜，但那些菜式的进货和制作过程都非常复杂。

因此，我给出的建议是，与其上些 1000 日元左右的高档菜式，还不如多卖点价格低廉又不太花工夫的酒菜。例如，将柠檬切成薄片，撒上白砂糖，做成意式柠檬。或者，在豆腐上加岩盐，淋上橄榄油，做成意式豆腐。像柠檬切片这种简单的操作，连1分钟都用不了。

豆腐上要淋的橄榄油，可以买些高价的，但这对菜品成本的影响并不大。用了好油，端给顾客时，可以这样介绍："橄榄油，我们用的是特别高级的！"再问一句："您还要再来一点吗？"这样，要是顾客要求再来一点，你就能跟顾客聊起来了。开店过程中，研究菜式不光要想象多么美味的东西，或是不花工夫的东西，更要想象包括服务在内的整体场景。我认为，这才是我们开居酒屋最重要的。

后来，那家酒吧的年轻人在柠檬上加薄荷叶，在豆腐上加圣女果，做成有自家特色的西式下酒菜，并迅速写到了菜单里。他们还在豆腐里加入了一种金泽传统的鱼酱。这种鱼酱用热水调开，还能用作乌冬面的汤汁，是一种十分美味的鱼酱。这种体现当地特色的美食，也让来此地观光的游客十分惊喜。这个系列据说极受游客欢迎，卖得飞快。

前一阵，我到这家店里时，他们说因为10点钟会有50名顾客进店，所以很抱歉，今天必须早点关门。不过，我觉得无所谓。当我走出那里的时候，心里非常高兴，这样人满为患的酒吧不多见吧。一旦你的店里人气旺了，自信就会表现在脸上，而这种自信又会更加吸引顾客。

我想，**不光要自己琢磨，只要你觉得别家店里有什么不错的点子，就可以拿来效仿。当然，一定要加上你自己的特色，并且一定要马上实施。只有自己亲自实施，才能了解整个制作和营销的过程，以及顾客的反响。**

在我们公司，各家店里的菜单都由店长自己决定。有一家店里制作的烧卖很受其他店长欢迎。他们的烧卖并没有像一般的烧卖把肉馅包得多么漂亮，而是把肉跟皮随意粘在一起，造型极其简单。

这位店长充分发挥了自己的创意，用烧卖名店“绮阳轩”的谐音，给自己的烧卖起了个名字叫“不器用（译者注：器用与绮阳的日语发音相同，不器用意为笨拙）轩烧卖”。意思是，我们这里不会做烧卖，只能把肉馅跟皮随意地粘在一起。这样就更有机会跟顾客聊开了。像这样的点子，就非常棒。

我个人非常喜欢“不器用轩”这样的点子。居酒屋里的菜式里能用上这种点子，一定会让顾客露出微笑，引起顾客的共鸣，还能让他们成为你店里的粉丝。

这个推出“不器用轩烧卖”的年轻人，不只会借鉴别家的菜品，还会不断效仿其他店里的服务方式。在我们另一位老学员的店里，每当顾客离开时，员工不单要说“感谢光临”，还要加一句：“下周再见！”“不器用轩”的店长也学会了这一招。他们在向顾客招手时，还会把手指朝自己方向扣过来，意思是招呼顾客:“务必再来啊!”就是这样，他们店里学会了用这种方式向顾客道别。

一般的店家会一边说句“感谢光临”，一边点头道别，而这家店里的道别方式，更能让顾客产生亲切和愉快感。因此，这家店一直受到顾客的喜爱，人气始终极旺。

美食杂志和网站就是开店最好的“教科书”

我们店里的年轻人，稍微学会几道菜之后，总喜欢尝试复制那些在别家店里吃到的美食。可是，自己又不是专业的厨师，不可能做得跟人家一样，往往试验一两次就不了了之了。这跟那些法国菜和意大利菜大厨复原名菜是完全不同的。那些大厨当然可以让顾客原原本本地体验到，真正的名菜是怎样的。他们也敢于告诉顾客：“过去，这道菜是使用贵重香料的，我们店里还加入了自己的特色。”

所以**我要说，像*ORANGE PAGE*、*LETTUCE CLUB*这些面向主妇的美食杂志，是我们开店最好的教科书。这类美食杂志一般半个月到一个月发行一期，上面都是专业编辑想尽办法钻研出来的，也是当前读者最感兴趣的应季菜式。每期杂志往往会登出数十道菜品，每一道都能抓住女性读者的心。包括如何摆盘，做菜的顺序如何，全都清楚明了地介绍出来。我觉得，用这些杂志做我们的教科书，再合适不过了。**

现在还有很多美食网站，不用花一分钱就能看到很多美食的制作过程。以往可是要买书或杂志才行，或者要去店里吃过，才能了解这些菜的制作过程。如今，网上甚至会把制作过程拍成视频播出。而且，那些美食视频还拍得无比诱人，哪怕是简单的厚蛋烧，都有几十种做法。现在很多人都在网上学习做菜，受欢迎的美食视频如同广告一般，刺激着许多人的味蕾。

可能有人认为，那些面向主妇的美食杂志和美食网站里介绍的制作过程，并不是店里的专业菜式。这些美食尽管让人垂涎欲滴，很多人却未必会亲自做。想想餐馆里的菜肴，即使顾客明知制作方法简单，也少有人回家自己尝试，多数人还是会到店里来吃。这是同理。

至于食材，更不必使用太高级的，用价格相对低廉的食材，一样可以让居酒屋里的食客们满意。例如，一瓶要数百日元的高级凤尾鱼罐头，虽然可以自豪地向顾客介绍说，这种鱼口味特别好，但考虑到成本，只能用很少一点点。反过来，如果食材价格低廉，就可以大量用在菜品里了。在我们居酒屋行业，这样做更能让顾客满意。

我们店里有个标语叫“200%提升你的美食能力”。并不是说，要以制作高档美食和复杂菜式为目标。只要你制作出的可乐饼口味足够诱人，顾客未必会去点那些讲究的大菜，反而很可能点你的可乐饼。

我曾参加过一次座谈活动。当时我有机会与居酒屋评论家太田和彦谈过一次话。他的一席话可以给我们开店极大的启示。

例如，他说，可以在店里顾客看得见的地方摆上高汤锅，里面放些豆腐，在沸腾的汤汁上撒上木鱼花，再加点葱姜。热气腾腾的汤豆腐并不是多么复杂的菜式，却是一道极能引起顾客食欲的美食。光听到这样的做法，就能让人想象到这是一家多么温暖的店了。

对我们而言，这样一碗汤豆腐更吸引人的地方，就在于眼下可以马上拿来效仿。再简单的美食，要想做成吸引顾客的菜品，都是需要一定时间的。

说起来，我们为了开店，要反复研究该给顾客端上什么样的汤豆腐时，最终很可能会选些价格高的豆腐。但如果你按照太田建议的这种方式上菜，哪怕是极普通的豆腐，顾客也会愿意点上一份的。

从常见的豆腐店里买来常见的豆腐，还能让顾客觉得异常美味，这说明真的做到让顾客感动了。所以不妨就从附近街坊开的豆腐店里买来普通的豆腐，向顾客介绍说，这豆腐就是拐角那家店里做的！这样，更能显出食材的特色。完全不必强调本店使用的是什么老店的好水豆腐，一样可以抓住顾客的心。

不要被眼前的流行迷惑

最近我跟店里的年轻学员谈起菜式问题，才发觉他们完全不能理解我的观点。年轻人嘛，总喜欢做些新奇的举动。但我觉得，那样的做法并不能牢牢抓住顾客的心。

当然，你的菜单上的确需要一些流行的食材和菜式，以增加多样性。我个人从电视、杂志或街上看到什么新奇的玩意儿时，也会有意识地关注一下相关信息。不过，要说起这些玩意儿是否一定能成为开店的主心骨，却未必。因为，流行是不断变化的。

在我们公司，有些店里，店长很擅长制作美食，但并不是那些居酒屋里的老式招牌菜，而是用西式的白盘摆上菜品，加些时髦的酱料，做出一些颇具时尚风格的创意菜来。这样的菜式当然也能让顾客满意，但往往很快会失去新鲜度，不容易持久。

你的店里上的都是些居酒屋风格的菜式，反而更能拉近人与人之间的距离。说到居酒屋菜式，关东煮、刺身和烤鸡肉串可谓三大主力。年轻女孩们都爱在铁道桥下面的居酒屋里一边吃着烤鸡肉串，一边喜笑颜开地嚷着“真美味”。我想，这三样就是最受欢迎的菜式了。因此，与其花大工夫模仿什么流行菜式，还不如研究常见的菜式怎样做更吸引人。这样，才能招揽到更多的顾客。

有位料理研究家曾说过这样一段话：“真正的美食，并不是什么把鱿鱼精细处理后的复杂大菜，而是庙会小摊上就能买到的烤鱿鱼。”我也是这样认为的。**能让顾客食指大动的，都不是什么新奇的菜式，而是店家早有的老式招牌美食。**

年轻人嘛，总喜欢增加菜式的数量。但即便你不增加菜式，也有办法让顾客感受到店里菜品的多样性。比方说，不妨备上两款擦萝卜丝的工具，一款粗细是适中的，一款是可以擦出粗一些的。在给顾客上萝卜丝的时候，可以问一句：“您要哪种粗细的？”这样，就能自然地与顾客交流几句了。

有一种宍道湖出产的冷冻蚬子价格适中，味道可口，我们的店长经常用它做成味噌汤，免费送给顾客。这种蚬子含有利于肝脏的成分，我们经常向喝酒的顾客推荐。但店里有个年轻人却提前把它做成了味噌汤，还辩解说，等营业的时候，全部现做再上菜就来不及了。既然如此，完全可以先把汤做好，要端给顾客的时候再把味噌酱放进汤里，再撒上柚子皮。这样端上去，给顾客的印象就会完全不同，看上去不再是免费的赠品，而是一款可以吸引顾客再来光顾的美食了。

早年我刚开居酒屋的时候，曾经留意到一点：比起那些制作复杂的菜式，顾客更爱吃烤青椒、烤茄子之类简单的美食——顾客最爱吃的，往往就是这类东西。只不过，烤茄子需要花些时间，过程有点麻烦。我留意到这一点以后，就开始琢磨还有没有更简单的制作方法。后来，我推出了一款名为肉酱茄子的菜式。这道菜只要把茄子炸过之后淋上肉酱，等顾客来了，用微波炉稍微加热一下，就可以马上上菜了。当时年轻气盛，一气可成创作出了这款独门的简易茄子美食。上菜的时候，我会把辣椒瓶递给对方，问一句："撒上这个，您看会怎么样？"对方一般都会会心地笑着回答："会辣呗！"这样简单的一段对话，就能赢得顾客的欢心。

像那些一味追逐流行的店，我也去过一两次，但很快就会感觉索然无味。这50年间，我也曾经历过无数次流行热潮，甚至还出现了几百家流行店，但几年过去，这些店几乎都不见了踪影。这样的例子，我见过不计其数。而我是一边听着"会辣呗"，一边与顾客一起享受，才走过这几十年的。正是这些看似不起眼的做法，使我的店得以坚持了几十年。

怎样定价才能吸引顾客

曾经有个人想开居酒屋，他跑来问我：“我有很多做美食的点子，但没有酒水方面的知识，我该怎么办呢？”他提出的问题，首先让我想到的是，这个人显然不怎么喝酒。

哪怕你没有酒水方面的知识，既然想开居酒屋，就得学会想象一下，怎样才能把自己爱喝的酒水卖出去。你是爱喝烧酒，还是日本酒、红酒？如果有自己喜欢的酒水，从中选择几款是最基本的。

京都一家居酒屋有位很开朗的店主，他曾这样向我推荐过：“这种酒和那种酒，你比比看，味道有什么不同？”他会不断拿出日本酒来，让顾客试饮。但我担心常温下酒水一直摆在店里会变质，就问他是不是需要想办法解决。他说不用想办法解决，而是借此机会让酒陈年。他说，陈年的酒味道也非常好。菜单上有道菜式是冲绳风味豆腐，跟如陈年的黄酒一般的日本酒的确是绝配。所以说，只要顾客开心，上酒的方法完全可以随意。

你开店要以什么样的顾客为销售目标？男性？女性？什么年龄层？这些方面你考虑过没有？这些目标不一样，菜单上的内容也要完全不一样。

比方说，你要以1980日元一瓶的红酒为主打，还是以2980日元的红酒为主打？这两种价位的目标客户群，显然不一样。自己店里的酒菜价格一定要充分想好。一份冷豆腐卖300日元的店里，红酒绝不可能卖到2980日元一瓶。搞不清整间店的定位，就不可能知道设定怎样的价位更适合自己。

开店的人，脑子里多数会有想要效仿的对象。即使一开始没有，开店的时候也一定要有范本。不论是酒水还是菜品，或是内部装修，都应以范本店家为目标，再加上一些自己的想法，这样开店就能相对轻松一些了。

有一点我想说的是，**酒水的价格与菜品不同，顾客很容易拿去与其他店做比较。因此，只要稍微在定价上下点功夫，就能轻松吸引顾客了。在定价时，可以先观察一下周围的店是怎样定价的，再来确定自己店里的价格。**

我最早在经堂开的那间居酒屋，当时没有资金，门口用的是简陋的隔扇。下过雨之后，隔扇就会被淋湿，要全部重新换过。我想，既然如此，再保持以前的老样子就没有意思了。不如利用这种难得的机会，在上面写些有趣的句子。于是，我便不时更换上面的标语。

由于店面仅有五坪大小，一开始我写的是“经堂最小的店”。后来，改成“经堂最小，但最快乐的店”。再后来，胆子更大了，干脆写上“五坪大小的店，是日本最快乐的店”。我们店里推出土豆烧牛肉以后，我就在旁边写上“帝国大酒店的炖牛肉，再见啦！”。不少顾客都是对这句话感到好奇，才走进店里来的。

不过，要说到给店里带来客流最大的契机，还是因为，有一天我在隔扇上写了“大小瓶酒同价”，甚至，干脆连中瓶酒也定成同样的价格了。结果，一下子来了好多顾客。只因每个人都觉得，大中小瓶酒居然卖同样的价格，店主是不是疯了？跟周围的店家比起来，很明显这个价格让他们感觉赚到了。

有一次，我和太太去烤肉店里吃饭。那家店里专营高级和牛，肉的价格很贵，味道极好。他们那里的生啤也要 700 日元一小杯，价格竟然跟牛肉一样贵。

其实，那种档次的店里完全可以把生啤设成 480 日元一杯，那样说不定会让顾客喜出望外，如此高级的店里还有这么便宜的酒水！我相信，那样反而在顾客眼里更有魅力。即便你的啤酒是特价，来烤肉店里消费的顾客可不是光喝生啤不吃肉的，营业额并不会因此减少太多。反过来，因为啤酒便宜，顾客点单说不定还会更多。区区一项啤酒定价，就能改变整间店对顾客的吸引力。

比起消费税，更可怕的是让顾客感到失望

这几十年来，消费税一直呈阶梯式增长。每次提高消费税，周围都会掀起热烈的讨论。诸如，民众购买力会不会降低，消费者是不是要远离餐饮店了，等等。但我认为，只要你的店足够有魅力，顾客就绝不会远离。即使是酒税改革，大家也不过是发发牢骚。而在顾客发牢骚之前，我们要改变的，是自己推销酒水的方式。

自从1989年引入消费税以来，我亲身经历了这一整段消费税“狂想曲”，却从未有过顾客因此而不光顾的情况，更不记得有因加税而导致营业额受到较大影响，要采取多么特别的对策的情况出现。

要是担心税率上涨会使你的营业额减少，只需想办法怎样让顾客多喝上一杯，就行了。顾客是只喝一两杯，还是喝到三杯四杯，消费单价自然不同。如果女性顾客喝到第二杯就作罢了，你还可以拿个小杯，尽量推荐对方再喝点颜色漂亮，浸了水果的酒水，口味可以稍甜一些。如果顾客觉得口味不错，还可以建议她加点苏打水。兑上苏打水，口味会更好的。那样一

来，顾客说不定会愿意点份兑苏打水的鸡尾酒了。

我们公司有间店，理念一直是顾客消费单价三个人在10000日元上下。因此，当消费税上涨到8%时，他们也没有提高菜价，而是想办法研究怎样才能压低食材的成本。这样尽管向顾客收取的费用一样，利润率却能保持不变。

比方说，大葱和卷心菜这些绿色蔬菜因季节和天气价格等变动较大，不易受到气候影响的土豆、洋葱价格则很少变动。另外，猪肉片、鸡肉和肉馅等也是值得推荐的食材。

用肉馅做成汉堡肉饼，口味极佳，这道菜在家里也能制作。正因为如此，让顾客觉得“这家店里的汉堡肉饼特别味美多汁”，会比那些复杂的菜式更能抓住顾客的心。

但马上面临提高消费税时，就必须赶快更换你的菜单了。不光是菜式成本低廉，还得能吸引顾客，最好一点一点地慢慢更换。菜单也不必全换。有些招牌菜即使成本高，也是店里必备的。

假如顾客说这家店的什么什么招牌菜很好吃，所以带朋友来尝尝。结果，你却告诉他这个菜没有了，那肯定会让对方失望，还在朋友面前丢了面子。像这种招牌菜，一定要坚持做，口味一定要越做越棒，那样就可以充满自信地告诉顾客，我们有这道菜，而且比以前味道更好了！

我很爱吃一家连锁店里的浇汁鸡肉蔬菜，当中的蔬菜颜色特别漂亮，口感十分好，每次都能让我感动。但当我到某家分店里吃这道菜时，他们的调味和蔬菜色泽、口感全都变了样，让我相当失望。

正因为这道菜当初的口味极好，再次到店里时，食客心里的期待值也会非常高。只要不是太复杂的菜式，就一定要让顾客每次都能吃到尽兴，这才是让顾客成为你店里粉丝的关键。

不光是菜式，服务也一样。开店时，必须保持顾客第一次喜欢上你们店时的服务水准，甚至提供更高标准的服务，否则就不能做到让顾客满意。只要你能想象出顾客的笑脸，就能自然做到这样的服务了——这就是我的观点。

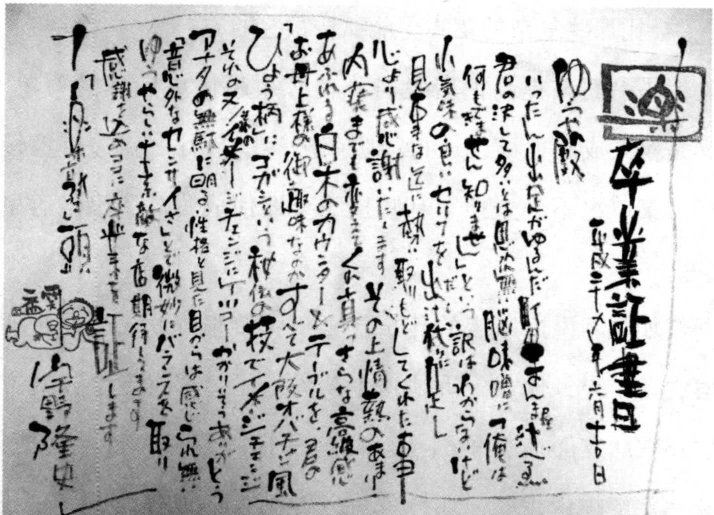
卒業証書

在乐公司，每当有员工离开，都会得到一份手写的毕业证书（如图）。内容主要是对方在这里如何努力工作，每一份都充满了回忆

第1~4章引自《日经餐厅》专栏《宇野隆史教你如何开出一间小小的旺店》2013年10月刊—2016年3月刊所载内容并重新增订

根据《日经商务在线》专栏《乐公司　宇野隆史总经理的〈年轻人，做个一国一城之主吧！〉》2016年7月15日—2018年5月24日所载内容重新增订

尾 声

——总能让人感到幸福的行业——

我们的员工和老学员，都亲切地喊我“老爹爹”“老爷子”，喊我太太“老妈妈”。我太太这么多年来，始终真心把员工当成家人一样对待。在这里，我们回顾一下之前的经历。

老爹爹　现在这个时代，六十来岁退休后，身体往往都还很健康，还要经历漫长的人生。所以那些在大企业里工作的朋友一旦退休了，都觉得极其无聊。而我们餐饮业能一直工作，这让我每天都觉得格外快乐。

老妈妈　当初我认识老爹爹时，完全没有想过他能开出这么多间店来。仔细回顾一下，是从什么时候开始变成这样的，感觉真是不可思议。

老爹爹　不只是开店数量增加了，我们还从东京开到了八岳，甚至还有加拿大的温哥华，还在那里住了一段时间呢——这样的人生经历，我之前也完全没有想到。泡沫经济时代，我们曾经将东京的房子按 400 万日元一坪卖掉，然后在八岳买了 600 万日元一坪的地皮。当时，因为孩子年纪还小，想让他们有个健康的成长环境。最开始，我们在镰仓找过房子。住在八岳的时候，每周有一半时间待在东京，其他时间要坐特快电车往返。当地土地便宜，要在广阔的土地上建起大房子还是挺辛苦的。店里的学员们下了班，也会开车走高速公路到我们家里来帮忙。每次做出这种重大决定时，转折点都是你呀！

老妈妈 我的性格就是这样，一旦决定了，会清楚地说出来。八岳嘛，是偶然去玩的时候，觉得周围的绿树和群山很美，很喜欢那里。当时，孩子们还在上幼儿园，周围人讨论的都是什么考小学的事，那些问题我一点也不感兴趣。去加拿大嘛，也是因为看过女性杂志，觉得那里很美，于是想全家一起去玩。到达的第二天，我就觉得，啊！这里就是我想住的地方！于是，一个月后我就带着孩子飞到那里去了。

老爹爹 我们之所以会有八岳和温哥华这两段居住经历，主要是想让店里的年轻人们明白，只要你们独立后努力开出旺店来，也能过上这样的生活。只要独立几年后，年薪达到工薪阶层的两三倍，就可以开好车，住豪宅了——这样具体地描绘出画面来，是非常重要的，也能让每天的营销有具体的目标。

老妈妈 老爹爹之前开的店全都充满了能量，现在我还能想起来，当年我们婚后在下北泽开出的第一间店呢。

老爹爹 那个时候，在经堂开了两间店，还登上了杂志特辑《小成本也能开出餐饮店》，很受舆论的关注。下北泽是我跟之前的老板娘一起开店的地方。本多剧场集团董事长本多一夫是我的好友，他力劝我说，你一定要到下北泽来开店！最开始，我开的是寿司店。在经堂的店里，给我们供货的是一家很棒的鲜鱼店。所以，我们对鱼肉非常有信心。银座有家我很喜欢的寿司店，我也希望自己将来能开出一家那样的店来。再加上，之前入驻的大楼因为被转让给了前任老板娘，情面上我也不好跟她竞争。

老妈妈 自从雇了专业的寿司师傅后，寿司店只做了10个月，一直在亏本。

老爹爹 是啊是啊，于是我跟之前的老板娘说，抱歉！我还是不适合开寿司店，我能不能开间居酒屋？结果，对方跟我说："你早就该开啦！"于是我休息了一个星期，稍微施了下工，立刻开张了。

老妈妈 从开张那天起店里就一直客满，简直让人不敢相信。吧台的凳子能坐15人，四座的桌子两张，就这样一间小店，连在吧台后面顾客等候时坐的凳子也全被坐满了。老爹爹都不能对着吧台坐，只能斜着坐，我就喜欢这种人满为患的店。每天吧台前都是满满的顾客，差不多要接待四五轮呢。

老爹爹 内部装修跟以前也没有太大差别，只是更换了暖帘。连之前的寿司师傅都说，现在这样比寿司店更好。我后来也意识到，我并不适合开寿司店，用居酒屋赚来的钱去寿司店里吃寿司，不就行了嘛。虽然开店没有成功，但我们店里保持了寿司店特有的构造：把吧台前面做成高台，上面摆上装鱼肉刺身的盒子，厨师从里边把刺身拿出来，这正是源于当年的开店经历。

老妈妈 老爹爹都是自己亲自画店铺的图纸。制作上稍有不同，带给顾客的印象就会完全不一样。我经常跟老爹爹去各间店里吃饭，有些店里会把吧台前面抬得太高，视线不好。也有些店里会把吧台后面的厨房地板加高，坐下来感觉需要仰望店里的人，使顾客肩膀很酸。

老爹爹 也有些店给我们带来了良好的影响。比如在八岳山脚下，小渊泽一间鳗鱼店里，内部装修使用了粗横梁，我觉得做法很棒，就拿来借鉴了。早前去金泽的时候，有间利用町屋改造而成的店，从东京来的女孩子们一走进去就会尖叫：“哇！榻榻米！隔扇！”这让我发觉，原来现在的年轻人很中意榻榻米和隔扇。于是，我把当时正在改装的店改成了可以脱鞋走进去的传统样式。时代流行在不断变化，但当我们一起去各家店的时候，总能发现很多东西。老妈妈的视角，恰好也是女性的视角。

老妈妈 老爹爹培养人的方法很厉害！我这个人，可能过于黑白分明了。过去的员工中，总有些始终让我无法接近的人。可是，老爹爹就完全没有这样的情况。我们开过很多间店，需要很多人手，但并不能总是找到很满意的人才。老爹爹的乐趣就在于，怎样让一开始没有能力的年轻人发生改变。一旦成功做到让这个年轻人改变，他就会非常有成就感。虽说需要一定时间，但只要来我们店里工作，每个人真的都会改变。反过来，改变不了的年轻人也会自己主动走人。各家店长也非常严格。大家都怀着独立开店的梦想，严肃认真，看待事物的角度也各不一样。去那些独立学员开的店里坐坐，也是我们的乐趣之一。

老爹爹　我们两个每次一起去老学员开的店里时，他们总是说：“老妈妈你来啦！真开心！”不是为我的到来开心，而是为老妈妈的到来而开心。

老妈妈　老爹爹去的目的主要是检查大家的工作情况嘛。而我是用顾客的视角来看待大家，所以他们当然开心了。

老爹爹　你跟员工，包括老学员在内，都会用 Facebook 什么的互相联系，他们过生日的时候，你还会给他们发生日祝福。

老妈妈　只要是跟我有 Facebook、邮件联系的，我都会向他们送去一句祝福。因为，人人都喜欢朋友祝自己生日快乐嘛。我不能频繁到店里去，但至少能发一句祝福语，表示我没有忘了他们。也正因为这样，每当男性员工有了女朋友，都会向我介绍，我和员工的配偶关系也很好。

老爹爹　在我们店里，有了太太的力量，恰好可以和我取长补短。这样，我们才能一直幸福快乐地开着这些旺店，同时，这也关系到员工们的未来。

2018 年 4 月 1 日于东京家中

宇野隆史

——乐公司社长——

1944年生于东京。早稻田大学中途退学后，入行餐饮业。1978年成立乐公司，最早在东京经堂经营面积约5坪的居酒屋“KUIMONOYA 汁 BEE”和“极乐屋”，开创了使用大盘菜的先河。1981年于东京下北泽开办“KUIMONOYA 乐”，凭借大盘菜，成为当年风靡一时的居酒屋。1988年，将个人经营的乐公司改组为股份有限公司，并出任社长。公司理念为“员工最终全都可以独立开店”。从该公司独立出去开店的餐饮业者现已达数百人。目前，在首都圈开设十余间分店。除已独立的学员外，也影响了众多年轻的从事餐饮业者。其因多年来对餐饮业所做贡献，获外食产业记者会选出的“外食奖2013”十周年特别奖。著作包括《会切西红柿，就能做餐饮》(中文版已由东方出版社出版)。韩语译本累计销量已超16万册，并在当地吸引了众多从大企业提前离职的独立开店粉丝。从业主旨为“一笑一杯”，即店家理想为“露一个微笑，劝一杯美酒”。夫人丘裕美，原模特儿出身。

“服务的细节”系列

《卖得好的陈列》：日本“卖场设计第一人”永岛幸夫

定价：26.00元

《为何顾客会在店里生气》：家电卖场销售人员必读

定价：26.00元

《完全餐饮店》：一本旨在长期适用的餐饮店经营实务书

定价：32.00元

《完全商品陈列115例》：畅销的陈列就是将消费心理可视化

定价：30.00元

《让顾客爱上店铺1——东急手创馆》：零售业的非一般热销秘诀

定价：29.00元

《如何让顾客的不满产生利润》：重印25次之多的服务学经典著作

定价：29.00元

《新川服务圣经——餐饮店员工必学的52条待客之道》：日本“服务之神”新川义弘亲授服务论

定价：23.00元

《让顾客爱上店铺2——三宅一生》：日本最著名奢侈品品牌、时尚设计与商业活动完美平衡的典范

定价：28.00元

《摸过顾客的脚才能卖对鞋》：你所不知道的服务技巧，鞋子卖场销售的第一本书

定价：22.00 元

《繁荣店的问卷调查术》：成就服务业旺铺的问卷调查术

定价：26.00 元

《菜鸟餐饮店 30 天繁荣记》：帮助无数经营不善的店铺起死回生的日本餐饮第一顾问

定价：28.00 元

《最勾引顾客的招牌》：成功的招牌是最好的营销，好招牌分分钟替你召顾客！

定价：36.00 元

《会切西红柿，就能做餐饮》：没有比餐饮更好做的卖卖！ 饭店经营的“用户体验学”。

定价：28.00 元

《制造型零售业——7-ELEVEn 的服务升级》：看日本人如何将美国人经营破产的便利店打造为全球连锁便利店 NO.1！

定价：38.00 元

《店铺防盗》：7 大步骤消灭外盗，11 种方法杜绝内盗，最强大店铺防盗书！

定价：28.00 元

《中小企业自媒体集客术》：教你玩转拉动型销售的 7 大自媒体集客工具，让顾客主动找上门！

定价：36.00 元

《敢挑选顾客的店铺才能赚钱》：日本店铺招牌设计第一人亲授打造各行业旺铺的真实成功案例

定价：32.00 元

《餐饮店投诉应对术》：日本 23 家顶级餐饮集团投诉应对标准手册，迄今为止最全面最权威最专业的餐饮业投诉应对书。

定价：28.00 元

《大数据时代的社区小店》：大数据的小店实践先驱者、海尔电器的日本教练传授小店经营的数据之道

定价：28.00 元

《线下体验店》：日本 "体验式销售法" 第一人教你如何赋予 O2O 最完美的着地！

定价：32.00 元

《医患纠纷解决术》：日本医疗服务第一指导书，医院管理层、医疗一线人员必读书！ 医护专业入职必备！
定价：38.00 元

《迪士尼店长心法》：让迪士尼主题乐园里的餐饮店、零售店、酒店的服务成为公认第一的，不是硬件设施，而是店长的思维方式。
定价：28.00 元

《女装经营圣经》：上市一周就登上日本亚马逊畅销榜的女装成功经营学，中文版本终于面世！
定价：36.00 元

《医师接诊艺术》：2 秒速读患者表情，快速建立新赖关系！ 日本国宝级医生日野原重明先生重磅推荐！
定价：36.00 元

《超人气餐饮店促销大全》：图解型最完全实战型促销书，200 个历经检验的餐饮店促销成功案例，全方位深挖能让顾客进店的每一个突破点！
定价：46.80 元

《服务的初心》：服务的对象十人百样，服务的方式千变万化，唯有，初心不改！
定价：39.80 元

《最强导购成交术》：解决导购员最头疼的 55 个问题，快速提升成交率！
定价：36.00 元

《帝国酒店——恰到好处的服务》：日本第一国宾馆的 5 秒钟魅力神话，据说每一位客人都想再来一次！
定价：33.00 元

《餐饮店长如何带队伍》：解决餐饮店长头疼的问题——员工力！ 让团队帮你去赚钱！
定价：36.00 元

《漫画餐饮店经营》：老板、店长、厨师必须直面的 25 个营业额下降、顾客流失的场景
定价：36.00 元

《店铺服务体验师报告》：揭发你习以为常的待客漏洞 深挖你见怪不怪的服务死角 50 个客户极致体验法则
定价：38.00 元

《餐饮店超低风险运营策略》：致餐饮业有志创业者 & 计划扩大规模的经营者 & 与低迷经营苦战的管理者的最强支援书
定价：42.00 元

《零售现场力》：全世界销售额第一名的三越伊势丹董事长经营思想之集大成，不仅仅是零售业，对整个服务业来说，现场力都是第一要素。

定价：38.00 元

《别人家的店为什么卖得好》：畅销商品、人气旺铺的销售秘密到底在哪里？ 到底应该怎么学？ 人人都能玩得转的超简明 MBA

定价：38.00 元

《顶级销售员做单训练》：世界超级销售员亲述做单心得，亲手培养出数千名优秀销售员！ 日文原版自出版后每月加印 3 次，销售人员做单必备。

定价：38.00 元

《店长手绘 POP 引流术》：专治“顾客门前走，就是不进门“，让你顾客盈门、营业额不断上涨的 POP 引流术！

定价：39.80 元

《不懂大数据，怎么做餐饮？》：餐饮店倒闭的最大原因就是“讨厌数据的糊涂账”经营模式。

定价：38.00 元

《零售店长就该这么干》：电商时代的实体店长自我变革。

定价：38.00 元

《生鲜超市工作手册蔬果篇》：海量图解日本生鲜超市先进管理技能

定价：38.00 元

《生鲜超市工作手册肉禽篇》：海量图解日本生鲜超市先进管理技能

定价：38.00 元

《生鲜超市工作手册水产篇》：海量图解日本生鲜超市先进管理技能

定价：38.00 元

《生鲜超市工作手册日配篇》：海量图解日本生鲜超市先进管理技能

定价：38.00 元

《生鲜超市工作手册副食调料篇》：海量图解日本生鲜超市先进管理技能

定价：48.00 元

《生鲜超市工作手册 POP 篇》：海量图解日本生鲜超市先进管理技能

定价：38.00 元

《日本新干线 7 分钟清扫奇迹》：我们的商品不是清扫，而是“旅途的回忆”

定价：39.80 元

《像顾客一样思考》：不懂你，又怎样搞定你？

定价：38.00 元

《好服务是设计出来的》：设计，是对服务的思考

定价：38.00 元

《让头回客成为回头客》：回头客才是企业持续盈利的基石

定价：38.00 元

《餐饮连锁这样做》：日本餐饮连锁店经营指导第一人

定价：39.00 元

《养老院长的 12 堂管理辅导课》：90%的养老院长管理烦恼在这里都能找到答案

定价：39.80 元

《大数据时代的医疗革命》：不放过每一个数据，不轻视每一个偶然

定价：38.00 元

《如何战胜竞争店》：在众多同类型店铺中脱颖而出

定价：38.00 元

《这样打造一流卖场》：能让顾客快乐购物的才是一流卖场

定价：38.00 元

《店长促销烦恼急救箱》：经营者、店长、店员都必读的“经营学问书”

定价：38.00 元

《餐饮店爆品打造与集客法则》：迅速提高营业额的“五感菜品”与“集客步骤”

定价：58.00 元

《赚钱美发店的经营学问》：一本书全方位掌握一流美发店经营知识

定价：52.00 元

《新零售全渠道战略》：让顾客认识到“这家店真好，可以随时随地下单、取货”

定价：48.00 元

《良医有道：成为好医生的 100 个指路牌》：做医生，走经由“救治和帮助别人而使自己圆满”的道路

定价：58.00 元

《口腔诊所经营 88 法则》：引领数百家口腔诊所走向成功的日本口腔经营之神的策略

定价：45.00 元

《来自 2 万名店长的餐饮投诉应对术》：如何搞定世界上最挑剔的顾客

定价：48.00 元

《超市经营数据分析、管理指南》：来自日本的超市精细化管理实操读本

定价：60.00 元

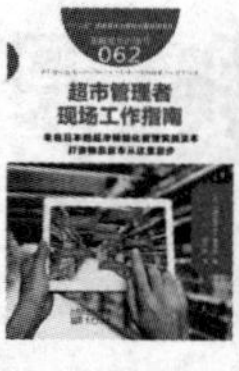

《超市管理者现场工作指南》：来自日本的超市精细化管理实操读本

定价：60.00 元

《超市投诉现场应对指南》： 来自日本的超市精细化管理实操读本

定价： 60.00 元

《超市现场陈列与展示指南》

定价： 60.00 元

《向日本超市店长学习合法经营之道》

定价： 78.00 元

《让食品网店销售额增加 10 倍的技巧》

定价： 68.00 元

《让顾客不请自来！ 卖场打造 84 法则》

定价： 68.00 元

《有趣就畅销！ 商品陈列 99 法则》

定价： 68.00 元

《成为区域旺店第一步——竞争店调查》

定价： 68.00 元

《餐饮店如何打造获利菜单》

定价： 68.00 元

《日本家具 & 家居零售巨头 NITORI 的成功五原则》

定价： 58.00 元

《咖啡店卖的并不是咖啡》

定价： 68.00 元

《革新餐饮业态： 胡椒厨房创始人的突破之道》

定价： 58.00 元

《餐饮店简单改换门面， 就能增加新顾客》

定价： 68.00 元

《让 POP 会讲故事， 商品就能卖得好》

定价： 68.00 元

《经营自有品牌： 来自欧美市场的实践与调查》

定价： 78.00 元

《卖场数据化经营》

定价： 58.00 元

《超市店长工作术》

定价： 58.00 元

《习惯购买的力量》

定价： 68.00 元

《7-ELEVEn 的订货力》

定价： 58.00 元

《与零售巨头亚马逊共生》

定价： 58.00 元

《下一代零售连锁的 7 个经营思路》

定价： 68.00 元

《唤起感动： 丽思卡尔顿酒店“不可思议” 的服务》

定价： 58.00 元

《7-ELEVEn 物流秘籍》

定价： 68.00 元

《价格坚挺， 精品超市的经营秘诀》

定价： 58.00 元

《超市转型： 做顾客的饮食生活规划师》

定价： 68.00 元

图字：01-2020-0539 号

图书在版编目（CIP）数据

餐饮创业实战. 4，三个菜品就能打造一家旺店 /（日）宇野隆史 著；刘海静 译. —北京：东方出版社，2020. 5
（服务的细节；098）
ISBN 978-7-5207-0165-5

Ⅰ. ①餐…　Ⅱ. ①宇… ②刘…　Ⅲ. ①饮食业—商业经营　Ⅳ. ①F719. 3

中国版本图书馆 CIP 数据核字（2020）第 030010 号

服务的细节 098：餐饮创业实战 4：三个菜品就能打造一家旺店
（FUWU DE XIJIE 098：CANYIN CHUANGYE SHIZHAN 4：SANGE CAIPIN JIU NENG DAZAO YIJIA WANGDIAN）

作　　者：[日] 宇野隆史
译　　者：刘海静
责任编辑：崔雁行　高琛倩
出　　版：东方出版社
发　　行：人民东方出版传媒有限公司
地　　址：北京市朝阳区西坝河北里 51 号
邮　　编：100028
印　　刷：北京市大兴县新魏印刷厂
版　　次：2020 年 5 月第 1 版
印　　次：2020 年 5 月第 1 次印刷
开　　本：880 毫米×1230 毫米　1/32
印　　张：5. 875
字　　数：177 千字
书　　号：ISBN 978-7-5207-0165-5
定　　价：68. 00 元
发行电话：（010）85924663　85924644　85924641
